THE INTERNATIONAL INVOICING CURRENCY
FUNCTION OF RMB

STATUS, MECHANISM, AND PATH

人民币国际计价货币职能
现状、机制与路径

张莹莹◎著

ZHEJIANG UNIVERSITY PRESS
浙江大学出版社
·杭州·

图书在版编目(CIP)数据

人民币国际计价货币职能:现状、机制与路径 / 张莹莹著. —杭州:浙江大学出版社,2023.6(2024.9重印)
  ISBN 978-7-308-24154-0

  Ⅰ.①人… Ⅱ.①张… Ⅲ.①人民币－金融国际化－研究 Ⅳ.①F822

  中国国家版本馆 CIP 数据核字(2023)第 163784 号

人民币国际计价货币职能:现状、机制与路径
张莹莹　著

责任编辑	陈逸行
责任校对	郭琳琳
封面设计	雷建军
出版发行	浙江大学出版社
	(杭州市天目山路 148 号　邮政编码 310007)
	(网址:http://www.zjupress.com)
排　　版	浙江大千时代文化传媒有限公司
印　　刷	浙江新华数码印务有限公司
开　　本	710mm×1000mm　1/16
印　　张	10.5
字　　数	156 千
版 印 次	2023 年 6 月第 1 版　2024 年 9 月第 2 次印刷
书　　号	ISBN 978-7-308-24154-0
定　　价	68.00 元

前　言

自 2004 年香港银行办理个人离岸人民币业务以来，人民币国际化在跨境贸易与投资结算、离岸市场建设和货币互换等方面取得了丰硕成果。然而，在 2016—2017 年，人民币国际化进程明显放缓，在上述方面的表现甚至出现倒退现象，其背后揭示了以跨境贸易和投资等交易结算功能为主发展人民币国际化的不可持续性，人民币计价功能的发展已迫在眉睫。与此同时，"一带一路"倡议的提出和中国金融市场的开放为人民币充当国际计价货币带来了重大发展机遇。在党的十九届四中全会提出"稳步推进人民币国际化"和党的二十大报告提出"有序推进人民币国际化"的背景下，以人民币计价的大宗商品期货交易量实现突破，服务于"一带一路"项目建设的人民币国际债券不断推出，人民币国际计价货币职能的重要发展时期已经到来。在当前发展的基础上，厘清人民币充当国际计价货币的驱动因素，形成推进人民币国际计价货币职能的整体方案，不断提升人民币在全球范围内的认可度和影响力，已成为当前政府、学术界和业界关注的主要议题之一。

本书立足人民币国际化发展出现较大反复以及"一带一路"倡议和中国金融市场开放带来重大机遇的经济背景，从官方部门和私人部门双视角，分析人民币国际计价货币职能的发展现状，系统研究人民币充当国际计价货币的影响因素，并据此构建进一步提升人民币国际计价货币职能的立体化战略路径，为稳步推进人民币国际化和发展更高层次的开放型经济发展战略的相关政策的制定提供理论支撑和实践参考。本书的研究以"提出问题—分析问题—解决问题"的思路展开。

首先，在"提出问题"部分，从官方部门和私人部门两个层面，系统分析人民币国际计价货币职能在各自部门下的发展现状，揭示现阶段人民币计价的主要特征。

研究发现，在官方部门，人民币开始在锚货币、官方部门国际债券计价货币和 SDR(special drawing right，特别提款权)及 SDR 债券方面发挥国际计价货币职能。具体地，通过修正的两步 Frankel-Wei 方法得到的估计结果显示，在被调查的全球 109 个经济体中，人民币已成为 49 个经济体货币钉住的锚货币，且人民币对菲律宾比索、阿根廷比索、莫桑比克梅蒂卡尔和智利比索的影响程度均强于美元、欧元、英镑和日元的影响程度。伴随着"一带一路"倡议的逐步实施，人民币的货币锚效应在波动中有所提升，在全球汇率安排中的影响力逐渐增强。此外，截至 2018 年底，共有中国、匈牙利、菲律宾等 5 个国家和地区的政府、央行以及亚洲开发银行发行了人民币国际债券。随着人民币被纳入 SDR 货币篮子，中国银行间债券市场成功推出 SDR 债券，为人民币发挥官方部门计价职能提供了新的发展路径。在私人部门，人民币已在跨境贸易和金融交易领域充当计价货币。在跨境贸易计价方面，近年来跨境贸易人民币计价的规模有所增长，使用人民币进行跨境贸易计价的国家和地区已拓展至亚洲、欧洲、北美洲、拉丁美洲和大洋洲等地区。在金融交易计价方面，人民币已在债券、股票、基金、期货和货币兑换交易领域发挥国际计价货币职能。其中，企业跨境发行人民币债券取得了蓬勃发展，企业发行规模不断扩大，发行范围涵盖亚洲、欧洲、北美洲、非洲和大洋洲，包括德国、新加坡、法国等 24 个国家和地区。并且，离岸人民币股票在新加坡和中国香港地区成功发行，离岸人民币基金、QFII(Qualified Foreign Institutional Investor，合格境外机构投资者)基金和 RQFII(RMB Qualified Foreign Institutional Investor，人民币合格境外机构投资者)基金不断增多，人民币计价大宗商品期货交易启动，人民币对其他货币直接交易和区域交易规模有所扩大，为境外企业和非居民使用人民币计价产品提供了支持。尽管如此，现阶段人民币计价存在多方面失衡问题，突出表现为人民币计价在官方部门的发展程度普遍较低、私人部门的发展主要集中在亚洲地区和不同人民币计价的发展进程差距明显。

其次,在"分析问题"部分,从官方部门和私人部门出发,分别对人民币成为其他经济体锚货币的影响因素、跨境贸易人民币计价的影响因素和企业跨境发行人民币债券的影响因素进行机制分析和实证检验,探究现阶段人民币计价存在的问题及其原因。

对于人民币成为其他经济体锚货币的影响因素,先是从双边因素、第三方因素和全球因素三个层面深入研究人民币成为锚货币的作用机制,然后,基于 108 个经济体的面板数据,使用 Heckman 两阶段模型,实证验证各经济体选择锚定人民币和锚定人民币权重的影响因素,以及不同地区经济体的异质性。

结果表明,双边因素、第三方因素和全球因素均是人民币成为其他经济体锚货币的重要影响因素。具体地,其他经济体主要基于双边因素和第三方因素选择是否锚定人民币。该经济体对中国的贸易依存度越高,中国与该经济体通过第三方建立的金融联系越强,越有利于人民币成为该经济体的锚货币。对于锚定人民币权重,双边因素和全球因素是其他经济体锚定人民币权重的主要考量。其中,中国资本账户开放有利于其他经济体提升锚定人民币的权重,而双边资本流动、人民币汇率市场化改革、全球商品价格指数和全球风险价格指数均不利于其他经济体锚定人民币权重的提升。进一步考察不同地区经济体锚定人民币的影响因素可以发现,亚洲、非洲、拉丁美洲、欧洲和大洋洲经济体在锚定人民币的选择和权重方面具有较强的异质性,相关部门需对各地区采取不同策略以推动人民币在当地发挥锚货币职能。

对于跨境贸易人民币计价的影响因素,主要基于国际贸易计价货币选择理论,引入中国特定制度性因素,对人民币充当跨境贸易计价货币进行理论分析,并以跨境面板数据为样本,构建扩展引力模型,采用 SGMM方法实证检验跨境贸易人民币计价的影响因素。

研究表明,跨境贸易人民币计价的发展与主要计价货币相比,既具有一般性,也有其特殊性。其不仅是一般市场因素驱动的结果,还受到中国特定制度性因素的激励作用。从市场竞争看,中国的经济实力、跨境贸易经济体的经济实力和中国产品的相对异质性是跨境贸易人民币计价的主要影响因素，中国经济实力越强劲，产品异质性程度越高，以及跨境贸易经济体的经济实力越微弱，越有利于该经济体对外贸易使用人民币计价。从制度性因素看，中国政府积极参与签订 FTA（Free Trade Agreement，自由贸易协定）和大力开展边境贸易是跨境贸易人民币计价的主要推动因素，其在中国资本账户尚未完全开放、汇率和利率市场化机制有待完善的背景下，为人民币发挥跨境贸易计价货币职能提供了政策支撑，在一定程度上改善了制度环境。同时，跨境贸易人民币计价也具有较强的惯性效应，随着人民币境外使用规模的不断加大，人民币在跨境贸易中的计价规模将进一步提升。

对于企业跨境发行人民币债券的影响因素，基于汤森路透（Thomson Reuters）提供的全球企业债券发行数据，从微观层面深入研究境内企业和境外企业跨境发行人民币债券的作用机制和影响因素，并考察不同企业类型的异质性动因。研究发现，境内企业和境外企业跨境发行人民币债券的影响因素有所区别。境内企业发行离岸人民币债券具有较强的惯性，中国通货膨胀率越高，离岸人民币债券市场份额越大，越有利于境内企业选择发行离岸人民币债券，而人民币汇率升值幅度越高，中国金融市场越发达，债券发行规模越大，以及全球金融危机的发生，越不利于境内企业选择发行离岸人民币债券。相较于境内非金融企业，境内金融企业选择人民币计价的惯性效应更强，且在选择人民币计价时主要基于企业经营活动的考量，非金融企业更为关注人民币的汇率水平。对于境外金融企业，人民币债券市场份额、境外企业以人民币计价和其他货币计价的惯性效应、企业所在经济体经济增长率和债券到期收益率是其发行人民币债券的主要推动因素，且境外企业更倾向于发行规模较小和期限较短的人民币债券。对于境外非金融企业，流动性动机是其发行人民币债券的主要动机。相比之下，境外金融企业的发行动因更为丰富，外汇风险管理动机和流动性动机均是其发行人民币债券的主要动机。

最后，在"解决问题"部分，基于上述分析，设计推进人民币国际计价货币职能的立体化战略路径。本书提出了人民币国际计价货币职能的战略目标、发展路径和具体实施策略。整体战略目标是以提升人民币锚货币职能、跨境贸易和国际债券计价货币职能为主要方向,与"一带一路"倡议和中国金融市场开放深度结合,推动人民币计价在各部门、各领域和各区域的协调互动,最终使人民币成为国际主要计价货币。在此基础上,从部门拓展、领域互动和区域扩展三个层面设计人民币国际计价货币职能的发展路径。在部门拓展方面,以"跨境贸易计价＋国际债券计价＋锚货币"为主路径,从私人部门计价向官方部门计价拓展;在领域互动方面,采用"跨境贸易与国际债券计价互动＋大宗商品贸易与期货计价联动"的发展路径,推动人民币计价在贸易与金融领域的互动;在区域扩展方面,通过"巩固亚洲、深化'一带一路'、谋划其他区域"开拓人民币国际计价货币职能的地理范围。基于战略目标和发展路径,需从加强自身能力建设与夯实国内经济实力、为"一带一路"沿线国家使用人民币计价提供市场环境和推动中国与其他国家(地区)及国际机构的官方合作三个方面具体实施,以推动人民币的国际计价货币职能进一步提升。

本书主要有以下三个方面的创新:第一,与以往从官方部门或私人部门人民币计价某个方面进行研究不同,本书从官方部门和私人部门双视角,系统研究了人民币国际计价货币职能的发展状况及影响因素。并且,本书对人民币计价在官方部门与私人部门的表现形式进行了明确区分,结果表明,各自部门下人民币计价的发展具有较大异质性。这为现有研究提供了有益补充。第二,在人民币成为锚货币的影响因素研究中,从双边因素、第三方因素和全球因素三个层面分析人民币货币锚效应的作用机制,并采用 Heckman 两阶段模型有效控制了模型存在的样本自选择问题,推进了人民币货币锚效应的相关研究。第三,从微观层面系统研究了境内企业和境外企业跨境发行人民币债券的影响因素,以及不同类型企业的异质性,为跨境发行人民币债券的影响因素研究提供了较为全面的经验证据。

目　录

第一章 导 论

第一节 研究背景与意义

一、研究背景

自 2004 年我国正式推进人民币国际化以来,人民币跨境使用不断升温,并在 2010—2015 年进入快速发展时期,在跨境贸易与投资结算、离岸市场建设和货币互换等领域取得了显著成果。然而,2016—2017 年,人民币国际化进程明显放缓,人民币国际化在上述方面的表现也出现了阶段性低谷。

首先,在跨境贸易与投资的结算方面,2010—2015 年,跨境贸易人民币结算和直接投资人民币结算规模增长迅速,其中,跨境贸易人民币结算额从 2010 年的 0.51 万亿元增加至 2015 年的 7.23 万亿元,年均增长率均超过 10%,其占国内跨境贸易结算总额的比重也从 2010 年的 5%上升至 2015 年第一季度的 27%;外商直接投资和对外直接投资的人民币结算额也表现出显著的增长态势,分别从 2012 年的 0.25 万亿元和 0.03 万亿元上升至 2015 年的 1.59 万亿元和 0.74 万亿元。[①] 然而,在 2016—2017 年,受到人民币兑美元汇率由持续升值转向持续贬值的影响,人民

---

① 数据来源:万得数据库。

币结算的跨境贸易和直接投资均陷入了停滞甚至倒退。其中,跨境贸易人民币结算额持续下降,2017 年降至 4.36 万亿元,与 2015 年相比缩水接近 40%,占我国跨境贸易结算总额的比重降至 15%,仅为 2015 年的二分之一左右;并且,外商直接投资和对外直接投资的人民币结算额在2016 年达到 1.40 万亿元和 1.06 万亿元后,也纷纷于 2017 年大幅缩减,回落至 1.18 万亿元和 0.46 万亿元。2018 年后,随着人民币汇率升值预期的逐渐形成,人民币在跨境贸易、外商直接投资和对外直接投资的结算规模有所回升,分别达到 5.11 万亿元、1.86 万亿元和 0.80 万亿元。

其次,在离岸市场建设方面,在中国政府的大力推动下,离岸人民币市场也在 2010—2015 年取得了快速发展。从离岸人民币存款来看,中国香港地区人民币存款规模在 2010 年后增长迅速,于 2014 年 12 月达到 1万亿元的历史性峰值;新加坡和中国台湾地区的人民币存款自 2012 年开始上升,在 2015 年 6 月也分别达到了 0.34 万亿元和 0.23 万亿元的历史性峰值。并且,上述离岸人民币市场的贷款规模也呈现出相同的态势,新加坡以及中国香港和台湾地区的人民币贷款额均出现了较大幅度的上升。然而,受到 2015 年 8 月 11 日人民币汇率机制改革(以下简称"811 汇改")导致的离岸人民币汇率大幅贬值以及中美利差显著收窄的影响,人民币离岸市场的发展在 2016—2017 年出现了停滞甚至倒退的现象,2016年和 2017 年,中国香港地区的人民币存款和贷款额分别下降至 0.54 亿元、0.56 亿元和 0.30 亿元、0.15 亿元,同期新加坡和中国台湾地区的人民币存贷款规模也出现了不同程度的下降,直至 2018 年后,上述人民币离岸市场规模才呈现出上升迹象。

最后,在货币互换方面,自 2008 年 12 月中国与韩国签署双边本币互换协议以来,中国签署的双边本币互换协议规模不断上升,但其快速增长时期仍然在 2010—2015 年,2016 年后,双边本币互换规模并未发生较大变动。不仅如此,中国人民银行公布的数据显示,截至 2018 年底,中国已与 38 个国家和地区签署双边本币互换协议,金额超过 3.7 万亿元,但目前双边本币互换协议很少被真正使用,对人民币国际化的推动作用大打折扣。

人民币国际化在近年的发展进程中之所以出现较大反复,其直接原因主要是 2015—2016 年人民币在岸和离岸汇率出现了较大的贬值,以及中美利差收窄等,这导致了境外企业和居民持有人民币资产的需求下降。然而,其背后主要的深层次原因则反映了现阶段人民币国际化的进展主要集中在跨境贸易和投资等交易和结算功能上,而相对忽视了人民币作为国际计价货币的发展。事实上,货币持有者往往会根据某种货币汇率的预期方向来选择增加或减少使用该货币进行结算,从而导致该货币国际化进程出现"不可持续性"的局面。人民币只有在国际贸易和投资中充当计价货币,才能规避货币汇率波动风险(丁剑平等,2013),使人民币国际化可持续。并且,国际计价货币职能的发挥是货币拥有强大国际地位的一个重要特征,人民币在国际计价货币职能上的实现应重于结算职能的实现(余永定,2011)。因此,为实现人民币国际化的可持续发展和进一步提升,人民币发挥国际计价货币职能已迫在眉睫。

与此同时,近年来,"一带一路"倡议的提出和中国金融市场的开放为人民币国际计价货币职能的发挥提供了重要的历史性机遇,为人民币国际计价货币职能向更多国家和地区拓展,以及在国际贸易、投资和金融等各领域的发展提供了有利条件。

在"一带一路"倡议带来的重大机遇方面,随着中国与"一带一路"沿线国家经贸合作的日益紧密,沿线国家对人民币行使国际计价货币职能的需求逐渐提升,其带来的机遇主要有以下方面:第一,在贸易领域,中国与"一带一路"沿线国家的贸易规模不断提升,以及国家间贸易的相互依赖程度持续增强,这将有助于提升沿线国家在国际贸易中使用人民币计价的需求,并且,俄罗斯、印度和哈萨克斯坦等"一带一路"沿线国家是中国重要的大宗商品进口国,这为人民币充当上述国家的大宗商品交易计价货币提供了有利条件。第二,在投资领域,中国对"一带一路"沿线国家直接投资规模的大幅上升将推动人民币在沿线国家充当直接投资计价货币,并有望在沿线国家基础设施建设的投融资需求上升的背景下,在沿线国家的基础设施直接投资中发挥计价货币职能。第三,在金融领域,中国主导的亚洲基础设施投资银行和金砖国家新开发银行等多边金融合作机制已经形成,中国还与大多数"一带一路"沿线国家开展了一系列银行间合作、货币合作和金融监管合作,其中,服务于"一带一路"项目建设的人民币国际债券不断推出,中国银行间外汇市场已实现人民币对多种"一带一路"沿线国家货币直接交易,这均表明人民币在"一带一路"沿线区域已开始发挥一定的金融交易计价货币职能。

在中国金融市场开放带来的机遇方面,中国政府不断放开境外投资者参与限制,纳入全球主要价格指数,并建立境内外资本市场的互联互通机制,为人民币充当金融交易计价货币提供了强劲支撑。具体地,首先,对于放开境外投资者参与限制,近年来有关部门放宽了银行间债券市场、外汇市场和股票市场对境外投资者的限制,拓宽了境外投资者类型和人民币交易工具,并简化了相关投资程序,有效地提高了境内金融市场的资金流动性,有利于人民币计价的金融产品被更多境外投资者使用。其次,对于加入全球主要价格指数,目前中国 A 股指数和债券指数已经被纳入全球主要价格指数,这标志着人民币开始通过全球主要价格指数发挥国际计价货币职能,伴随着上述全球指数的使用和交易,人民币计价功能将进一步释放。最后,就境内外资本市场互联互通而言,近年来,连接境内外股票市场和债券市场的互联互通机制"沪港通""深港通"和"债券通"相继启动运行,"沪伦通"也于 2019 年 6 月正式启动,境内外资本市场的互联互通将进一步带动国际资本对人民币计价金融产品的配置需求,为人民币发挥国际计价货币职能提供强有力的支撑。

基于上述经济背景,人民币国际计价货币职能的重要发展时期已经到来。那么,当前人民币国际计价货币职能的发展状况如何?其发展存在哪些问题?驱动人民币国际计价货币职能的因素有哪些?我国又应采取怎样的战略路径和政策措施来推动人民币发挥更大范围、更高水平和更深层次的国际计价货币职能?本书试图从官方部门和私人部门的角度出发,系统研究人民币国际计价货币职能的发展进展、影响因素及路径,对上述问题进行回答,进而为稳步推进人民币国际化与发展更高层次的开放型经济提供相关政策制定的理论依据和决策参考。

二、研究意义

本书的研究致力于为国际计价货币理论和人民币国际计价货币职能的发展实践做出贡献,具有一定的理论意义和实践意义。

（一）理论意义

从理论角度来看,目前国际计价货币理论尚未形成统一完整的理论体系,且其理论思想主要从美元、德国马克和日元等主要发达国家货币的计价功能发展研究而来,而对发展中国家和新兴市场国家货币的研究明显不足。与主要国际计价货币相比,人民币国际计价货币职能在中国经济进入转型期、中国资本账户尚未完全开放、汇率和利率市场化机制有待进一步完善的特殊背景下发展而来。在上述特殊背景下,人民币作为国际计价货币的发展也必将在服从主要国际计价货币发展的一般规律之下,形成其独特的发展模式。因此,与主要国际计价货币相比,人民币作为国际计价货币的影响因素和发展路径将具有一定差异。因此,在上述特殊背景下,研究人民币国际计价货币职能的相关问题,有利于丰富和发展国际计价货币理论,并为其他发展中国家的货币国际化提供理论参考。

（二）实践意义

从实践角度来看,近年来,中国政府推动人民币发挥国际计价货币职能的力度不断加大。2014 年底召开的中央经济工作会议首次提出稳步推进人民币国际化。2018 年,人民币计价大宗商品期货在原油期货、铁矿石期货和精对苯二甲酸期货方面实现了重大突破,服务于“一带一路”项目建设的人民币国际债券不断推出,人民币国际计价货币职能已经取得重大进展。基于上述进展,有学者甚至指出,人民币国际化的发展策略正在从旧策略向新策略转变。与旧策略相比,新策略更加注重培育人民币作为计价货币的功能和海外关于人民币的真实需求,并注重向非居民提供更大规模和更多种类的人民币计价资产(张明和李曦晨,2019)。

党的二十大报告提出,要有序推进人民币国际化。在此背景下,如何全方位、多层次地推动人民币国际计价货币职能成为当前政府面临的重要问题之一。对该问题的研究,将为人民币国际化的平稳持续发展提供重要的政策建议和决策参考,并为"一带一路"倡议与人民币国际化的深度结合、"一带一路"构想内涵中的"资金融通",以及中国金融市场的进一步开放提供借鉴,因此具有重要的现实意义。

第二节　研究内容与方法

一、研究内容

本书聚焦人民币国际计价货币职能,具体以"提出问题—分析问题—解决问题"的思路展开研究。

首先,在"提出问题"部分,分析官方部门和私人部门人民币计价的发展现状。对于官方部门,研究人民币的货币锚效应及其动态演化,并对官方部门跨境发行的人民币债券、人民币入篮 SDR 及 SDR 债券的发展现状进行分析;对于私人部门,分析人民币充当跨境贸易计价货币和金融交易计价货币的发展状况。然后,基于上述现状归纳人民币计价存在的突出问题。

其次,在"分析问题"部分,研究人民币在官方部门和私人部门发挥国际计价货币职能的影响因素,以探究现阶段人民币计价存在问题的原因。具体地,在官方部门,研究人民币成为锚货币的影响因素,并采用 Heckman 两阶段模型进行实证检验。在私人部门,研究人民币在跨境贸易计价和企业跨境发行人民币债券计价上的影响因素,分别构建扩展引力模型和 Logit 模型,分析得到人民币发挥计价职能的主要推动因素。

最后,在"解决问题"部分,设计推进人民币发挥国际计价货币职能的战略路径。一是在对人民币国际计价货币职能的发展状况及影响因素进行分析的基础上,提出推进人民币发挥国际计价货币职能的整体战略目标;二是从部门拓展、领域互动和区域扩展三个层面提出人民币国际计价货币职能的发展路径;三是基于分析得到的战略目标和发展路径,从国内和国际两个层面提出具体的实施策略。

基于上述研究思路,本书的研究内容包括七章,具体结构安排如下。

第一章为导论。主要阐述研究的背景及意义,并提出本研究的思路、内容、方法与技术路线,以及本书的创新与不足。

第二章为人民币国际计价货币职能相关研究梳理。围绕相关概念、国际计价货币的相关研究,以及人民币国际计价货币职能研究对文献进行梳理、总结和评述。

第三章为人民币国际计价货币职能的发展状况。分别从官方部门和私人部门两个层面分析人民币计价的发展现状,在此基础上,总结人民币国际计价货币职能的特征。

第四章为人民币成为其他经济体锚货币的影响因素。从中国与其他经济体存在的贸易金融联系出发探讨人民币成为锚货币的作用机制,并实证检验各类影响因素,以及不同区域的异质性。

第五章为人民币成为跨境贸易和金融交易计价货币的影响因素。对于前者的研究,系统考察人民币跨境贸易出口计价和进口计价的影响因素;对于后者的研究,基于境内企业和境外企业债券发行数据,系统研究上述企业跨境发行人民币债券的具体动因。

第六章为推进人民币国际计价货币职能的战略路径。具体提出人民币国际计价货币职能的总体战略目标、详细发展路径和实施方案。

第七章为研究结论与展望。对本书的主要结论进行总结,并提出未来研究可能的发展方向。

二、研究方法

为研究人民币国际计价货币职能的影响因素及推进路径，本书采用了比较分析法、定性与定量分析法和归纳与演绎分析法，具体如下。

（一）比较分析法

在人民币国际计价货币职能发展状况的研究中，采用横向比较和纵向比较相结合的方法，对官方部门和私人部门人民币计价的发展状况进行比较分析，归纳现阶段人民币国际计价货币职能的特征。

（二）定性与定量分析法

对官方部门跨境发行的人民币债券以及私人部门人民币计价的发展现状采用定性分析法进行分析。对人民币货币锚效应的发展现状采用修正的两步 Frankel-Wei 方法进行实证分析，并且，就人民币发挥国际计价货币职能的影响因素，分别使用 Heckman 两阶段模型、扩展引力模型和 Logit 模型对人民币成为锚货币的影响因素、跨境贸易人民币计价的影响因素和企业跨境发行人民币债券的影响因素进行实证检验。

（三）归纳与演绎分析法

对于人民币国际计价货币职能的路径设计，本书首先使用归纳分析法，对现阶段人民币计价的发展状况和存在问题的原因进行总结，分析得到推进人民币发挥国际计价货币职能的总体目标；其次基于上述战略目标，使用演绎分析法提出具体的发展路径和实施策略。

根据研究内容与方法，本书的技术路线如图 1-1 所示。

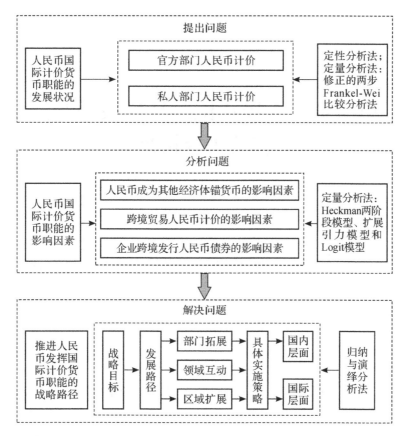

图 1-1 本书的技术路线

第二章　人民币国际计价货币职能相关研究梳理

第一节　关于人民币国际计价货币职能的概念

一、国际计价货币职能的内涵

在研究人民币国际计价货币职能之前,需要厘清国际计价货币职能是什么。目前,大多数学者认为,一种货币的国际计价货币职能是指其能够在货币发行国(地区)之外,在官方部门和私人部门中行使的计价单位职能。如 Kenen(1983)对国际货币职能进行了细化,指出对于计价单位职能,该货币既是被官方部门用于确定货币汇率价格的锚货币,也是被私人部门用于国际贸易和金融交易的计价货币。Hartmann(1998a)同样认为国际计价货币职能表现在两个方面:一方面是在官方部门发挥其他经济体的锚货币职能,另一方面是在私人部门发挥国际贸易和金融交易计价货币职能。Ito(2017)指出,国际计价货币职能即为该货币的计价单位职能从国内向国际拓展。李波(2013)对人民币计价进行了定义,认为人民币计价是人民币在国际范围内的官方用途和私人用途中,承担价值衡量和记账工具职能。

在此基础上,本书研究的国际计价货币职能指的是一种货币能够超出经济体的界限,在官方部门和私人部门行使计价单位职能。并且,当一种货币能够在官方部门和私人部门行使全部计价单位职能时,该货币成为完全的国际计价货币;而当一种货币仅能在两个部门行使部分计价单位职能时,该货币为不完全的国际计价货币。

二、人民币国际计价货币职能的内涵

基于国际计价货币职能的含义,本书进一步认为,人民币国际计价货币职能是指人民币在境外,在官方部门和私人部门所发挥的计价单位职能。人民币发挥国际计价货币职能是一个动态的过程,即逐渐发展成为完全的国际计价货币。进一步地,本书依据学者们对国际计价货币职能在官方部门和私人部门的表现形式的阐述,结合人民币国际化的发展现状,归纳人民币国际计价货币职能的具体表现形式,如表 2-1 所示。

表 2-1　人民币国际计价货币职能的具体表现形式

职能	官方部门	私人部门
计价单位职能	人民币成为锚货币、其他国家(地区)和国际金融机构跨境发行人民币债券、人民币入篮 SDR 及 SDR 债券	人民币充当跨境贸易计价货币、企业跨境发行人民币债券、人民币充当其他跨境金融交易计价货币

资料来源:Ito T,2017. A new financial order in Asia: Will a RMB bloc emerge[J]. Journal of International Money and Finance,74:232-257,经作者适当修改。

第二节　国际计价货币的影响因素及实现路径研究

随着美元、欧元和日元等货币在国际贸易和资本流动中的计价地位的逐渐提升,学者们对上述主要国际计价货币的影响因素及发展路径进行了大量且详细的研究,形成了丰硕的研究成果。

一、国际计价货币的影响因素

现有文献从官方部门和私人部门的角度出发，对一种货币成为锚货币、国际贸易计价货币和国际债券计价货币的影响因素进行了研究。

（一）锚货币的影响因素

现有研究主要从双边贸易联系、金融联系、商业周期相关性、通货膨胀水平、网络效应等给出了一种货币发挥锚货币职能的解释，并形成了以下三种观点。

有的学者认为，双边贸易联系是一种货币成为锚货币的主要驱动力量。Meissner 和 Oomes（2009）对一国选择锚货币的影响因素进行了实证分析，得到贸易网络外部性是决定锚货币选择的关键因素的结论。Subramanian 和 Kessler（2013）的研究发现，国家间的贸易联系对一国选择锚货币具有重要影响。郭建伟（2018）实证分析了中亚五国选择锚货币与其外部市场依赖程度的关系，结果表明，中亚五国出口贸易结构和进口贸易依存度是推动其国家锚货币选择的重要影响因素。

也有学者发现，双边货币汇率波动性或金融市场相关性等金融联系是货币锚效应的关键因素。Lahari（2011）对双边货币汇率波动性与锚货币选择的关系进行分析，发现短期和周期性的双边货币汇率波动对一国选择锚货币有重要影响。Coudert 等（2013）使用 1994—2011 年 28 种新兴货币样本的实证研究进一步表明，当美元贬值时，上述新兴经济体的实际有效汇率普遍与美元的实际有效汇率共同变动，表现出钉住美元的特征；而当美元升值并超过某一临界值时，这种关系会发生逆转，表现出上述经济体放弃钉住美元的固定汇率制度。此外，Eichengreen 和 Lombardi（2017）则发现，由股票市场相关性衡量的两国间金融联系已成为锚货币选择的主要影响因素。

还有学者指出，双边贸易联系、货币汇率波动性、通货膨胀水平和网络效应等均是货币锚效应的重要影响因素。Galati（2001）分析指出，两国间的贸易联系、商业周期相关性、汇率政策和投资组合偏差解释了一国货币汇率钉住德国马克汇率的现象。Bracke 和 Bunda(2011)的研究表明，全球贸易结构变化、长期外债计价货币变动和网络效应均会对一国锚货币的选择产生重要影响。Rizvi 等(2013)的研究指出，除两国间贸易联系外，一国与其锚货币发行国通货膨胀偏好的相似性也对该国选择锚货币具有显著的正向影响。

（二）国际贸易计价货币选择的影响因素

在国际贸易中，贸易双方对计价货币的选择包括进口国货币计价(producer's currency pricing，PCP)、出口国货币计价(local currency pricing，LCP)、第三国货币计价(vehicle currency pricing，VCP)，以及三种货币计价的混合使用。对于跨境贸易计价货币选择的影响因素，学者们主要围绕以下三类因素展开讨论。第一类是国家层面的影响因素，现有研究主要通过一般均衡和局部均衡方法构建的理论模型以及基于国家层面的面板数据进行实证检验，对国家宏观经济特征因素进行考察；第二类是产品和行业层面的影响因素，相关研究进一步将理论模型和实证分析拓展至行业或产品，以研究产品差异化程度等因素的影响；第三类是企业和交易层面的影响因素，相关研究使用最新的国际贸易企业数据和交易数据，对贸易企业特征和交易特征的影响进行探讨。

首先，在宏观层面，影响国际贸易计价货币选择的因素主要有一国经济规模、贸易市场份额、汇率因素、通货膨胀水平、货币政策、金融市场深度和资本账户开放程度，以及市场外部性和货币惯性等。

就经济规模的影响而言，Hartmann(1998b)对美元、欧元和日元在全球贸易计价中的地位和前景进行了分析，发现一国经济规模对本币充当国际贸易计价货币具有重要影响，经济规模越大，越有利于选择本币进行贸易计价。Fukuda 和 Ono(2005)通过理论分析和基于韩国贸易数据的实证检验也得到了相同的结论。Goldberg 和 Tille(2008)采用 24 个国家的国际贸易计价货币选择数据进行实证分析，发现出口国与其选择的第三国货币发行国的相对经济规模越大，其出口中使用第三国货币计价的比例越低，从而越倾向于使用本币进行贸易计价。

就贸易市场份额的影响而言，Bacchetta 和 Wincoop(2005)通过理论分析发现,一国的出口商品的市场份额越大,越有利于该国选择本币进行贸易计价。Kamps(2006)的研究发现,欧元区国家在全球出口市场中的份额与欧元作为贸易计价货币的比重呈正相关。Ito 等(2013)的研究进一步表明,在不同商品贸易市场份额对跨境贸易计价货币选择的影响中,大宗商品贸易的市场份额较为重要,欧盟成员国在进口中选择美元作为计价货币的比重与其进口商品中大宗商品所占的比重高度相关,即美元与大宗商品的绑定对其充当贸易计价货币具有重要的推动作用。楚国乐和吴文生(2015)以美元和欧元在欧盟国家和非欧盟国家的贸易计价数据为样本的实证分析也发现,美元充当国际贸易计价货币主要是由美元与大宗商品绑定导致的。

就汇率因素的影响而言,Donnenfeld 和 Haug(2003)对加拿大进口货币计价选择的影响因素进行了实证检验,结果显示,出口国货币汇率波动性对该国选择出口国货币计价具有显著的正影响。Wilander(2004)基于瑞典出口数据的实证分析结果显示,一国货币汇率波动并不利于其充当跨境贸易计价货币。Silva(2004)、Kamps(2006)的研究则发现,汇率波动并不是跨境贸易计价货币选择的主要决定因素。另外,Goldberg 和 Tille(2008)对一国实行的汇率制度的影响因素进行了考察,通过对美元和欧元的国际贸易计价数据的实证分析得到,美元在国际贸易计价中的份额除受到美国经济规模的影响外,还受到新兴市场国家实行钉住美元汇率制度的显著影响。罗忠洲(2012)认为,汇率传递程度也是一国选择贸易计价货币的主要影响因素。Gopinath 等(2010)理论和实证分析的结果显示,当汇率传递率小于 0.5 时,出口企业倾向于使用外币计价;当汇率传递率大于 0.5 时,出口企业倾向于使用本币计价。

就通货膨胀水平的影响而言,Magee 和 Rao(1980)的研究发现,具有较低通货膨胀水平的工业国家的货币往往在国际贸易计价中占据主导地位。Tavlas(1997)也发现,德国较低的通货膨胀率为德国马克在国际贸易中发挥计价货币职能起到了重要的推动作用。Wilander(2004)的研究指出,在金融市场稳定、不存在资本管制的环境下,低通货膨胀水平会推动本币作为国际贸易计价货币。然而,也有一些研究得到了不同结论,例如,Ligthart 和 Dasilva(2007)对 1987—1998 年荷兰对 OECD 国家的出口计价货币数据进行计量检验,结果发现,荷兰的预期通货膨胀率并不是影响出口贸易中荷兰盾计价比重的主要因素。

就货币政策的影响而言,Devereux 和 Engel(2002)的研究发现,货币发行国较为稳健的货币政策对企业选择该国货币进行贸易计价具有重要影响。对于货币供给波动性较小的国家,该国企业在出口时更倾向于选择本币计价,其进口国企业也更倾向于选择出口国货币进行计价。Devereux 等(2004)进一步指出,稳健的货币政策能够增强企业对该货币的信心,并在一定程度上抵消汇率传递效应对国内物价造成的冲击,进而增加企业使用该国货币计价的可能性。

就金融市场深度和资本账户开放程度的影响而言,Ligthart 和 Dasilva(2007)对银行部门发达程度的影响进行了考察,发现货币发行国的银行部门发达程度与其货币作为国际贸易计价货币具有正相关关系。Lai 和 Yu(2015)对泰国贸易计价货币选择的计量模型进行实证检验,结果表明,一国资本市场深度越高,在泰国贸易计价货币中选择其货币的比重越大。Liu 和 Lu(2018)通过构建带有金融摩擦的三国黏性价格模型以及哥伦比亚贸易计价货币的实证分析得到,一国金融市场的发展程度对出口企业贸易计价货币选择具有显著的正向影响,且该影响对金融脆弱行业中的小型企业尤为明显。对于金融市场发展水平中等的发展中国家,国内金融市场发展程度每提高 1%,其货币作为贸易计价货币的比重将提高 10% 以上。Ito 和 Chinn(2014)考察了资本账户开放程度对跨境贸易计价货币选择的影响,基于 50 个国家中美元、欧元和本币出口计价数据的实证分析显示,一国资本账户开放程度对其出口中选择欧元或本币计价具有显著的正向影响,但对出口中选择美元计价的影响不显著。

就市场外部性和货币惯性的影响而言,Rey(2001)认为,具有较大的外汇市场交易规模的货币会显著降低使用该货币的交易成本和信息收集成本,从而提高国际贸易中使用该货币计价的可能性,即计价货币存在市场外部性(thick market externalities)。Devereux 和 Shi(2013)通过建立第三国货币的一般动态均衡模型,发现第三国货币的外汇市场交易规模对其进行贸易计价具有重要影响。Goldberg(2005)的研究表明，市场外部性或可进一步促进该货币计价的惯性。Ito 和 Chinn(2014)指出，国际贸易计价货币的选择具有较强的惯性，一旦一种货币被用于计价，企业在选择计价货币时就很难从该种货币转换到其他货币。

其次，在产品和行业层面，现有研究主要从产品差异化程度、产品需求价格弹性和行业市场份额及其生产要素密集度等方面探讨了产品和行业特征对跨境贸易计价货币选择的影响。

具体地，对于产品差异化程度的影响，Bacchetta 和 Wincoop(2005)指出，贸易产品的差异化程度越高，出口企业越倾向于选择出口国货币计价；反之，出口企业更倾向于选择进口国货币计价。Friberg 和 Wilander(2008)基于瑞典企业出口计价货币选择的实证分析结果显示，出口产品的差异化程度会影响瑞典企业使用本币计价的可能性，差异化程度越高，可能性越大。

对于产品需求价格弹性的影响，Friberg(1998)的研究发现，产品的需求价格弹性对贸易计价货币选择具有重要影响。Goldberg 和 Tille(2016)指出，出口企业为了避免其价格相对于竞争对手价格的波动带来的边际成本的增加，会与竞争对手企业使用相同的货币计价，即计价货币选择存在"集聚效应"。对于产品具有高度替代性的行业，其产品需求价格弹性较大，计价货币选择的"集聚效应"较为突出，从而增加了一种货币在同质产品行业计价的可能性。Wang 和 Zhao(2014)通过实证分析发现，出口产品需求价格弹性对出口中使用本币计价的比重具有显著的负影响。

对于行业市场份额及其生产要素密集度的影响，Goldberg 和 Tille(2016)对行业市场份额的影响进行了考察，基于加拿大进口计价数据的实证分析结果显示，出口国在行业层面的市场份额越大，行业内企业越倾向于选择本国货币计价，并降低选择进口国货币计价和第三国货币计价的可能性。Novy(2006)的研究则发现，依赖进口投入的企业有动机与投入品企业使用相同的货币计价，以便对冲计价货币可能带来的风险。特别地，对于大宗商品和能源产品在投入结构中所占份额较大的行业，由于上述产品主要由美元等主要国际货币计价,其进口企业在选择计价货币时,也更倾向于选择上述主要国际货币。

最后,在企业和交易层面,学者们主要从企业的规模、所有权结构、市场份额、生产特征、谈判能力以及贸易交易量等方面进行考察,以探究上述企业和交易特征对贸易计价货币选择的影响。

在企业规模的影响方面,罗忠洲和吕怡(2014)指出,出口企业的规模越大,越有利于其选择进口国货币计价。而出口企业的规模越小,越有利于其选择本币计价(Friberg and Wilander,2008)。在企业所有权结构的影响方面,Ito 等(2010)对日本出口企业计价货币选择的影响因素的实证分析发现,出口企业与其进口企业的隶属程度越高,其在出口中选择进口国货币计价的可能性越大。Goldberg 和 Tille(2016)使用加拿大进口数据进行实证研究,进一步发现,在美国拥有多数所有权的加拿大进口商行业中,企业在进口时更倾向于选择出口国货币和第三国货币计价,而不倾向于选择进口国货币(本币)计价;在欧盟国家拥有多数所有权的加拿大进口商行业中,企业在进口时更倾向于选择本币计价,而不倾向于选择出口国货币和第三国货币计价。

在企业市场份额的影响方面,Atkeson 和 Burstein(2008)指出,企业市场份额的大小会显著影响其生产成本,进而对企业贸易计价货币选择产生影响。Goldberg 和 Tille(2016)的分析也指出,企业市场份额已成为企业选择贸易计价货币的关键因素。Devereux 等(2015)通过建立异质性企业的垄断竞争模型和加拿大进口数据的实证分析发现,对于进口企业而言,企业市场份额越大,越不利于企业选择进口国货币计价。对于出口企业而言,当出口企业市场份额较小时,企业选择进口国货币计价的可能性较低,而当出口企业市场占有率达到一定份额之后,企业会增加选择进口货币计价的可能性,即出口企业市场份额与进口国货币计价之间呈现 U 形关系。

在企业生产特征的影响方面,Gopinath 等(2010)的研究表明,企业进口中间品的成本在生产成本中的比重越低,越有利于其在出口时选择本币计价。许祥云等(2014)对日本企业中间品成本中计价货币比重对其最终产品计价货币选择的影响进行了研究，也发现日本企业最终产品出口倾向于以美元计价的原因主要是企业生产的最终产品中以美元计价的进口中间品份额较高，进而限制了日本企业出口中日元计价的使用。Chung(2016)使用2011年英国贸易计价数据的分析也表明，对外币计价投入品的依赖程度较高的企业，其使用本国货币作为出口计价货币的可能性较低。Berman等(2012)对出口企业的生产率进行考察，通过法国出口计价数据的计量检验发现，企业生产率的提高会降低企业生产成本，从而增加企业在出口时使用本币计价的可能性。

在企业谈判能力的影响方面，Friberg和Wilander(2008)的研究发现，在瑞典出口企业的绝大多数交易中，计价货币是通过出口企业和进口企业谈判确定的。Donnenfeld和Haug(2003)基于理论分析和加拿大出口计价数据的实证分析发现，贸易双方在国际贸易中的谈判能力的强弱将决定贸易计价货币的选择。当其中一方的谈判能力相对较强时，其在贸易计价货币选择上将享有更多的自主权(Goldberg and Tille,2013)。

贸易交易量的影响近年来开始受到部分学者的关注，但研究结论并不一致。Goldberg和Tille(2008)的研究表明，如果进口企业的订单额较大，其在与出口企业确定计价货币时往往具有优势，从而使贸易双方更倾向于选择进口国货币计价。Goldberg和Tille(2016)使用4500万条加拿大进口交易数据的实证分析却发现，以交易额衡量的交易绝对规模和以交易额在行业中的比重衡量的交易相对规模均对其进口企业选择本币计价具有显著的负向影响，而对其选择出口国货币计价具有显著的正向影响。

(三)国际债券计价货币选择的影响因素

一般而言，影响国际债券计价货币选择的动因主要有三个：风险管理、市场流动性和投机(Habib and Joy,2010)。对此，相关学者主要对汇率、利率、通货膨胀水平、债券市场流动性、金融市场深度等因素进行了广泛的研究。此外，也有学者考察了其他宏观经济条件和企业特征等因素对国际债券计价货币选择的影响。

从风险管理因素来看，国际债券计价货币的选择主要基于货币币值的稳定性。币值稳定性主要包括两方面内容，对外表现为汇率波动性，对内表现为货币发行国的通货膨胀水平。在汇率波动性方面，发行者往往具有外币收入，并希望将这些外币收入与外币现金流出相匹配，以平衡外币汇率波动风险。Kedia 和 Mozumdar(2003)采用 1996 年 523 家美国大型企业发行的外币计价债券数据进行实证分析，发现外币汇率波动性对企业发行外币计价国际债券具有显著影响，企业选择发行外币债券与其在国外的经营活动密切相关，并会进行较为全面的风险管理。Siegfried 等(2007)的实证研究指出，发达国家非金融企业在选择发行本币和外币计价的国际债券时，对冲外汇波动风险是其考虑的主要因素。Bruno 和 Shin(2017)使用 47 个非美国国家企业发行的美元计价债券数据，对美元计价国际债券的影响因素进行了实证分析，也得到美元汇率波动性对企业发行美元计价国际债券具有显著的负向影响的结论。在通货膨胀水平方面，Burger 和 Warnock(2004)的研究认为，货币发行国较低的通货膨胀率有利于其发行以本币计价的国际债券。Galati 等(2007)发现，日本长期较低的通货膨胀甚至通货紧缩对投资者具有较强的吸引力，使以日元计价的国际债券投资持续增加。Burger 等(2012)、Burger 等(2015)考察了美国投资者投资海外国际债券的原因，指出稳定的通货膨胀是美国投资者投资当地本币计价国际债券的重要因素之一。

　　从市场流动性因素来看，发行者和投资者选择国际债券计价货币的主要目的是获得该货币较为广泛、流动性较强的市场，以降低发行国际债券过程中的交易成本。具有广泛流动性的货币市场往往具有市场规模大、流动性强和市场化程度高等特点，因此，学者们对上述货币的市场特征分别进行了考察。Burger 等(2015)的研究指出，美国投资者以当地货币计价的债券投资份额与其市场规模密切相关，市场规模越大，美国投资者对本币计价债券的投资份额就越大。Rose 和 Spiegel(2012)对市场流动性进行考察，也发现美元全球流动性的下降会提高以美元计价的国际债券的发行成本，从而使大量企业开始转向选择其他货币。Kedia 和 Mozumdar(2003)的实证结果却发现，当地债券市场流动性、税率待遇等因素并不是美国企业发行外币计价国际债券的主要原因。Chitu 等

(2014)则考察了金融市场深度对各国发行美元和英镑计价国际债券的影响，结果表明金融深度的影响显著，美国金融市场发展是推动美元代替英镑成为国际债券主要计价货币的关键因素。进一步地，白晓燕和郑程洁(2018)从货币发行国资本管制的不同阶段出发，考察了国际债券币种结构的影响因素差异，发现在资本管制较严格的时期，国际债券币种结构受宏观因素的影响较大，随着资本管制的逐渐放松，宏观因素的影响减弱，基于汇率和利率变动的融资成本因素的影响加强，各资本管制阶段的影响因素具有明显差异。

从投机因素来看，发行者和投资者也会通过套取各国之间的利率、汇率等差异来选择国际债券计价货币，以降低偿债成本。Graham 和 Harvey(2001)对发行国际债券企业的调查数据显示，有 44% 的受访企业表示，在决定是否使用外币债券时，较低的外国利率是"重要的"或"非常重要的"。Allayannis 等(2003)的研究也发现，利率差异解释了东亚大型企业使用外币债券的原因。他们发现，利率差异越大，外币债券规模越大。Caballero 等(2015)以及 Bruno 和 Shin (2017)对新兴经济体企业数据的分析表明，后危机时期持续偏离利率平价是企业发行外币债券的主要动机。Habib 和 Joy(2010)则系统地考察了外币债券发行中，无抛补利率平价和抛补利率平价的偏离对债券计价货币选择的影响，结果表明，基于无抛补利率平价的偿债成本偏离对发行外币债券的货币选择具有显著影响，而基于抛补利率平价的偿债成本偏离的影响不显著。其中，无抛补偿债成本偏离可分解为名义利差和预期货币贬值两个主要部分，前者对发行债券的货币选择的影响显著，而预期货币贬值影响不显著，可见发行方更倾向于选择名义利率较低的货币，而不会试图通过发行预计会贬值的外币债券来降低偿债成本。并且，相比非金融类发行者，金融类发行者在选择外币债券时有更强的投机动机，并更容易获得利用这种节省成本的机会所必需的市场信息。

除上述因素外，也有研究发现，网络效应、惯性效应、其他宏观经济条件和企业特征等也可能对国际债券计价货币选择具有重要影响。钟红等(2017)对 27 个国家发行本币计价国际债券的影响因素进行了实证分析，结果显示,惯性效应和网络效应对以本币计价的国际债券份额具有显著的正向影响,且相较网络效应,惯性效应对各国选择发行本币国际债券的影响更强。项卫星等(2017)、何平等(2017)的研究也得到了一致的结论。李稻葵和刘霖林(2008)、涂永红(2015)对国际债券币种结构的影响因素进行分析,发现币值稳定性、经济规模、贸易顺差和利率等的影响均较为显著。Hale 等(2014,2016)从企业层面的研究发现,曾发行过本币计价国际债券的企业更倾向于继续在该市场发行债券,并且,全球金融危机有利于本币债券发行,而出口份额较大的行业所在企业不利于本币债券发行。Hale 和 Spiegel(2008)利用国际债券计价货币的企业数据,考察了欧洲货币联盟成立对欧元计价国际债券的影响,结果显示,随着欧元的出现,企业发行欧元计价国际债券的份额显著增加。并且,相对于经验丰富的企业和金融企业,欧元对新进入企业和非金融企业的影响更大。

二、国际计价货币的实现路径

伴随着国际计价货币体系的演变及发展,学者们主要以英镑、美元、德国马克、欧元和日元为研究对象,对上述货币在计价职能上的实现路径进行探讨。

就英镑而言,刘崇(2007)指出,英国政府在其他欧洲国家经济普遍衰退的背景下及时扩大其海外市场,为强化英镑的国际计价地位发挥了重要作用。欧阳旭和舒先林(2010)对 20 世纪后英镑逐渐成为石油交易的主要计价货币的历程进行考察,发现英国通过控制在其他地区的油气资源,并利用英镑的国际地位抵制美国石油公司的渗透,推动了"石油英镑"的形成。Mileva 和 Siegfried(2012)、Eichengreen 等(2016)的研究也得到了一致的结论,并认为石油是战略性大宗商品的代表,英镑实现对其绑定是英镑发挥国际计价货币职能的主要推动力量。

就美元而言,Meltzer(2003)指出,在 20 世纪初,美国政府设立了国际货币委员会,专门负责包括国际计价货币发展在内的美元国际化推进策略。赵庆明(2005)的研究发现,在二战时期,美国向同盟国提供大量美元信贷，在战后又向欧洲国家提供了一系列美元贷款、捐赠和资助，为美元在上述国家发挥影响力奠定了基础。在大宗商品计价方面，管清友和张明(2006)对石油美元的发展历程进行了分析，发现美国垄断石油交易计价权为维护美元在国际计价货币中的地位起到了至关重要的作用。欧阳旭和舒先林(2010)指出，美国凭借其强大的经济实力和布雷顿森林体系的建立，最终确立了"石油美元"的地位。在金融交易计价方面，宋玮(2013)强调，美国建立的纽约商业交易所和芝加哥商业交易所在全球范围内具有较强的影响力，交易所内交易的原油价格及其金融衍生品价格均以美元计价，并逐渐成为国际石油及其金融衍生品价格的基准。

就德国马克、欧元和日元而言，李建军和田光宁(2003)的研究发现，欧元计价职能的推进与欧洲地区的经济合作密切相关。杨正东等(2017)指出，德国马克成为国际计价货币的途径主要是建设经济合作区，并通过推动成立欧洲共同体，解除区域内资本、人力及商品流通的限制，推动德国马克在欧洲地区计价职能的发挥。李建军和田光宁(2003)指出，日本主要通过发展经济、推进金融改革和资本开放来实现日元在国际计价货币职能上的发展。具体地，林波(2016)认为，日本通过与澳大利亚和巴西铁矿石企业的合作，获取了铁矿石的部分定价权。Cohen(2014)的研究表明，日本在金融领域的改革有效地推动了日元在国际金融领域发挥计价职能。

第三节　人民币国际计价货币职能研究

2008年全球金融危机后，人民币国际化进程明显加快。在这一进程中，人民币已经具备充当国际计价货币的潜质，并表现出一定的国际计价货币职能。在此背景下，学者们围绕人民币国际计价货币职能的发展状况、影响因素、前景及实现路径进行了诸多有益的探讨。

一、人民币发挥国际计价货币职能的发展状况

(一)人民币的货币锚效应检验

已有研究集中考察了亚洲主要经济体对人民币的锚定现象。其中一种观点认为,人民币已在亚洲地区扮演锚货币角色,在亚洲地区的锚效应逐渐增强。Shu 等(2007)对 9 种主要亚洲货币是否锚定人民币进行考察,发现在 2005 年 7 月人民币汇率制度改革后,其中 7 种亚洲货币汇率已开始跟随人民币汇率变动。杨荣海(2011)通过实证分析 2005 年前后人民币对东盟主要国家的货币汇率的影响,也发现 2005 年后人民币开始对上述货币汇率变动发挥显著作用。Henning(2012)测算了 2000—2011 年 8 种东亚货币在 4 个不同阶段钉住人民币和美元的权重,发现上述货币钉住美元的权重总体呈下降趋势,而人民币权重总体呈上升趋势。Subramanian 和 Kessler(2013)进一步指出,2010—2012 年,人民币已成为 7 个东亚经济体的主要锚货币,这些经济体钉住人民币的权重已超过美元和欧元。Pontines 和 Siregar(2012)的研究也得到类似结论,并发现人民币升值引起了印度尼西亚卢比、韩元、菲律宾比索和泰铢汇率的"升值恐惧"。Fratzscher 和 Mehl(2014)将人民币在亚洲地区扮演的角色比作 20 世纪 80 年代德国马克在欧洲所扮演的角色,认为人民币对亚洲地区已产生了重要的影响。周阳(2017)的研究则表明,美元在亚洲地区的影响已经弱化,人民币开始逐渐替代日元,在东亚地区发挥重要影响。

然而,另一种观点对上述结论持怀疑态度,其认为人民币尚未成为锚货币,人民币对其他亚洲货币汇率的影响仍十分有限。李晓和丁一兵(2009)实证检验了 2005 年人民币汇率制度改革后,人民币在东亚地区的锚效应,结果发现人民币并不是东亚货币真正的锚货币。Chow(2011)使用 2005 年 9 月至 2008 年 7 月东亚货币汇率数据进行实证分析,结果显示东亚地区尚不存在"人民币区"。Balasubramaniam 等(2011)、张莹莹(2019)的研究也发现,人民币对其他亚洲货币汇率的影响有限。Kawa 和 Pontines(2016)的研究表明,美元仍然是东亚货币汇率变化的主要驱

动力量，东亚地区并未形成"人民币区"。

此外，也有研究表明，人民币的锚效应范围已超出亚洲。Fratzscher 和 Mehl(2014)的研究发现，发达国家货币和新兴市场经济体货币均受到了中国汇率政策调整的影响。Balasubramaniam 等(2011)以全球 132 个经济体货币为研究对象，通过实证分析发现，其中 34 个经济体货币对人民币汇率变动较为敏感，人民币逐渐在全球汇率安排中发挥重要作用。Subramanian 和 Kessler(2013)进一步指出，人民币在国际货币体系中的影响力不断上升，特别是 2010 年中期以来，越来越多的经济体货币开始追踪人民币的汇率变动，并赋予人民币汇率更大的参考权重，人民币已成为智利、南非等新兴市场经济体的主要参考货币。阙澄宇和马斌(2013)采用状态空间模型的实证分析表明，在受调查的 116 个经济体中，有 21 个经济体呈现锚定人民币现象，且锚定人民币的权重已超过英镑，并与日元等同，人民币发挥锚效应的区域已拓展至亚洲、欧洲、非洲和拉丁美洲等地区。丁剑平等(2018)对人民币在"一带一路"区域的锚效应进行了研究，发现人民币已成为独联体国家和中亚"一带一路"沿线国家的主要参考货币，而在西亚、北非和东南亚地区，美元仍发挥重要影响，人民币的锚效应较弱甚至不显著。张莹莹(2020)的研究进一步发现，随着"一带一路"倡议的深入实施，人民币在"一带一路"沿线地区的影响力有所增强，与欧元、英镑和日元等主要国际货币相比，人民币的地位已出现上升迹象。

(二)跨境贸易人民币计价的发展状况

现有文献对跨境贸易人民币计价发展的研究并不多见，且普遍认为当前跨境贸易人民币计价的发展程度较低，并存在人民币计价与人民币结算发展失衡的特征。李波(2013)发现，目前人民币充当跨境贸易计价货币尚处于起步阶段，在跨境贸易中，与人民币结算相比，人民币计价的发展较为滞后，部分货物贸易虽以人民币结算但仍以美元等外币计价，并未使用人民币计价，表现出跨境贸易人民币计价与人民币结算的发展并不平衡。Ito 和 Chinn(2014)通过构建模型对人民币在跨境贸易计价中的比重进行估计，发现现阶段人民币在出口计价中所占的比重应该高于实际观察到的不足 10％ 这个数据，但即便如此，人民币出口计价发展的势头并不十分强劲。邓贵川和彭红枫（2019）认为，在人民币国际化持续发展的背景下，人民币计价的比例不断提高。尽管如此，目前人民币尚未成为中国和东亚国家企业的主要贸易计价货币（张明和李曦晨，2019），中国企业在大宗商品贸易上的定价权也存在缺失（陶士贵和别勇杰，2019）。

（三）金融交易人民币计价的现状及问题

金融交易人民币计价包括人民币国际债券、离岸人民币股票、跨境人民币基金和大宗商品期货人民币计价等，现有文献就上述各方面内容的现状及问题分别展开了研究。

在人民币国际债券方面，鉴于跨境发行的人民币债券主要包括离岸人民币债券和熊猫债券，学者们对上述两种债券分别进行研究。就离岸人民币债券而言，Zhou 和 Chen（2012）的研究表明，2009 年以来，离岸人民币债券市场发展迅速，债券品种日趋丰富，市场规模也相应地不断扩大，在离岸人民币债券的诸多发行市场中，香港和伦敦相互补充，已成为离岸人民币债券发行的东西方中心。裴长洪和余颖丰（2011）进一步指出，现阶段离岸人民币债券市场具有发行主体和投资主体多元化的特点，但同时市场也存在着流动性较差、债券期限较短、二级市场交易不活跃等问题。周先平等（2015）对香港离岸人民币债券市场的发展特征进行了较详细的分析，发现香港离岸人民币债券具有发行规模不断上升、发行主体日益多元化、发行期限较短和债券指数日趋丰富的特点。就熊猫债券而言，张中元和沈铭辉（2018）指出，自 2005 年中国相关部门允许国际机构在中国境内债券市场发行人民币债券后，熊猫债券市场发展缓慢，直至 2016 年发行量出现井喷式增长，发行主体逐渐拓展至各国（地区）政府、外资银行、非金融企业和国际多边机构。张明（2010）、周宇（2013）发现，与离岸人民币债券市场相比，熊猫债券市场的发展明显滞后。并且，现阶段熊猫债券的"一事一议"制度使账户设立和使用缺乏统一标准，并未针对不同类型发行主体建立明确的分类管理框架，熊猫债券市场的管理制度并不完善（张中元和沈铭辉，2018）。

在离岸人民币股票和跨境人民币基金等方面，何帆等（2011）指出，在香港离岸人民币市场上，以人民币计价的理财产品、保险产品和其他衍生品的规模还很小。巴曙松（2012）的研究表明，虽然近年来香港离岸人民币金融产品有所丰富，但人民币计价的权益类金融产品还较为缺乏，人民币计价股票还需进一步拓展。翁东玲（2013）也认为，目前境外投资者通过 RQFII 制度投资境内人民币金融产品的规模有所提升，但无论是从投资品种还是从投资数量来看，跨境人民币基金的规模都还较小。

二、人民币充当国际计价货币的影响因素

（一）人民币成为锚货币的影响因素

现有文献主要从双边贸易渠道和金融渠道给出了人民币成为锚货币的解释。如 Fratzscher 和 Mehl（2014）使用面板数据混合 OLS 估计的分析表明，中国与其他亚洲国家之间的贸易联系和金融联系对人民币产生锚效应具有正向影响，而亚洲国家的汇率政策弹性、是否位于"美元区"和是否位于"欧元区"对人民币锚效应具有负向影响。Mccauley 和 Shu（2018）也认为，两国间的贸易联系、经济周期同步性、金融联系、货币政策相似性和汇率政策是人民币与新兴货币汇率走势趋同的重要影响因素。

在诸多因素中，一种观点认为，贸易因素仍然是人民币发挥货币锚效应的主导因素。Branson 和 Healy（2005）提出，贸易渠道是人民币汇率影响其他亚洲货币汇率的主渠道；Subramanian 和 Kessler（2013）的实证分析也得到了相同的结论，并发现相较于美元，人民币锚效应的发挥更依赖贸易因素。Shu 等（2015）对中国与其他亚洲经济体的贸易联系进行较全面的分析，得到其他亚洲经济体和中国的贸易联系主要有三种，即主要扮演中国国内需求的供应者、中国对外贸易的竞争者以及与中国处于同一国际产业链的合作者角色，这三种角色均会促使亚洲经济体将人民币纳入其货币篮子，追踪人民币汇率变动。

另一种观点则指出，人民币成为锚货币的影响因素正从贸易因素向金融因素转变。刘华等（2015）、Shu 等（2015）的研究表明，离岸人民币市场的出现为人民币通过信息传递等金融因素对亚洲主要货币产生影响提

供了可能。王中昭和杨文(2016)通过时序数据结构方程模型的实证分析显示,利率传导效应是人民币对马来西亚林吉特汇率产生影响的重要因素。Eichengreen 和 Lombardi(2017)运用截面数据模型,对中国与溢出效应接收国的贸易联系、共同价格冲击和共同金融冲击因素进行了实证检验,发现仅有两国共同金融冲击对人民币成为锚货币具有显著影响。杨荣海和李亚波(2017)基于面板数据模型的实证分析结果显示,中国资本账户开放对人民币发挥锚效应具有重要的推动作用。

（二）跨境贸易人民币计价的影响因素

学者们的研究普遍认为,中国的贸易结构、产品差异化程度、大宗商品定价权、金融发展和金融开放、计价货币惯性以及人民币汇率水平是影响人民币在跨境贸易中充当计价货币的主要因素。

在中国贸易结构和产品差异化程度方面,Ito(2010)的分析表明,由于企业更倾向于选择最终销售地的货币计价,而中国企业在对外贸易中以加工贸易为主,这使得人民币作为贸易计价货币并不占据优势,企业在选择计价货币时仍主要使用美元或最终产品销售地货币。李波(2013)对人民币贸易计价表现不佳的原因进行了分析,发现现阶段中国出口企业的产品差异化程度较低、在与国外贸易企业谈判中的议价能力不强是中国企业在出口时较少使用人民币计价的重要原因。赵然和伍聪(2014)通过理论和数据分析也发现,人民币贸易计价发展缓慢的原因主要是中国制造业的产品差异化程度过低,这使得相关企业的出口价格弹性过高,并最终导致中国企业在跨境贸易中的议价能力不足。

在大宗商品定价权方面,罗忠洲(2012)、楚国乐和吴文生(2015)认为,美元在国际贸易计价中占据主导地位主要是因为其在大宗商品上拥有定价权,人民币贸易计价的发展应借鉴美元计价经验,并且,楚国乐和吴文生(2015)进一步指出,人民币的大宗商品计价权将对人民币在跨境贸易中充当计价货币发挥主要的推动作用。

在金融发展和金融开放方面,Ito 和 Chinn(2014)对人民币作为贸易计价货币的影响因素进行了分析,发现金融发展和金融开放是人民币充当贸易计价货币的关键因素。张明和李曦晨(2019)的研究也认为,开放的金融市场对促进人民币充当贸易计价货币具有重要影响。

在计价货币特征方面，Ito 和 Chinn（2014）的研究表明，人民币出口计价表现尚不理想，主要是因为计价货币的惯性效应，较多经济体仍习惯使用主要国际货币。Ito（2017）也指出，仍有较多东亚国家习惯于在对外贸易中使用美元，这使得人民币在这些国家发挥贸易计价职能更加困难。邓贵川和彭红枫（2019）分析指出，人民币汇率水平对人民币作为贸易计价货币具有重要影响：当人民币处于升值时期，各国企业对人民币的信心增强，从而增加使用人民币计价；当人民币处于贬值时期，各国企业对人民币的信心减弱，会减少选择人民币计价。

三、人民币发挥国际计价货币职能的前景及路径

学者们对人民币国际计价货币职能的前景及路径研究主要分散在人民币计价的各种具体表现形式上。

对于人民币计价的前景，刘刚和张友泽（2018）指出，伴随着"一带一路"倡议的不断深化，人民币在"一带一路"区域的货币锚效应将逐渐提升。何帆等（2011）认为，在香港离岸人民币市场中，离岸人民币债券市场已经具备制度基础，存在最广阔的发展前景。巴曙松（2012）的研究发现，虽然离岸人民币金融计价产品并不多见，且品种较少，但离岸人民币股票、基金等产品创新将为该市场的发展提供参考，推动市场产品的多元化发展。连平（2018）指出，"一带一路"倡议的实施将对人民币充当大宗商品计价货币、跨境电子商务计价货币和基础设施融资过程中的计价货币发挥重要的推动作用，未来人民币将在上述三个领域实现突破。在人民币计价的具体领域，对于人民币计价的实现路径，学者们的研究结论并不一致。在人民币货币锚效应方面，李晓和丁一兵（2009）的研究发现，人民币在锚货币职能上的发展主要通过保持人民币和美元汇率稳定来实现。高海红和余永定（2010）对人民币在东亚地区货币汇率协调的影响进行探讨，提出应提升人民币在该区域发挥货币锚效应的水平。丁剑平等（2018）以人民币在"一带一路"区域的货币锚效应为研究对象，认为改革

自身经济发展方式和提高与中东欧、西亚、北非等地区的经贸合作有利于提升人民币在该地区的锚货币职能。在跨境贸易人民币计价方面,楚国乐和吴文生(2015)分析认为,人民币贸易计价在短期内,应借鉴欧元模式,即通过发展对外贸易和双边本币互换来推动人民币计价;但在长期应借鉴美国模式,即通过逐渐掌握大宗商品的定价权来实现人民币计价的持续发展。陶士贵和别勇杰(2019)则指出,应抓住"一带一路"带来的机遇,在中国与沿线国家的经贸合作中逐步推进大宗商品人民币计价,并通过政策主导和企业合作的方式建立大宗商品产业联盟,提升定价话语权。在金融交易人民币计价方面,何帆等(2011)认为,应发展人民币计价的保险和理财产品,以推动离岸人民币金融产品的多元化。巴曙松(2012)指出,增强香港离岸人民币资产的吸引力对该市场发展具有重要作用。张明(2010)认为,进一步开放熊猫债券市场,提高合格境外机构投资者(QFII)额度将有助于提高熊猫债券市场流动性。French(2016)指出,熊猫债券市场发展应与"一带一路"倡议紧密结合,后者的深入实施将极大地推动熊猫债券市场发展。刘诚(2015)则将离岸人民币债券与熊猫债券的发展联系起来,积极开展沪港合作,并推动沪港国际金融中心联手支持"一带一路"框架下跨境发行的人民币债券的发展。韦谊成(2017)进一步主张,设立"一带一路"专项债券将对离岸人民币债券市场发展具有重要的推动作用。

第四节　简要评述

通过梳理文献可以发现,国际计价货币的影响因素及实现路径研究起步较早,学者们主要以美元、欧元、英镑、日元等主要国际货币作为研究对象,对上述货币发挥国际计价货币职能的相关问题进行考察,形成了丰硕的研究成果。伴随着人民币国际化的不断推进,以及2008年全球金融危机后现行国际货币体系缺陷的日益凸显,学者们对人民币发挥国际计价货币职能的研究不断涌现。然而,无论是国际计价货币的相关研究还是关于人民币国际计价货币职能的研究，现有文献大多就官方部门或私人部门计价的某个方面内容展开探讨，而鲜有将官方部门和私人部门的各方面内容作为一个系统框架进行分析。事实上，对某方面人民币计价的研究既不利于从整体上把握现阶段人民币国际货币计价职能的发展状况，也将给人民币进一步发挥国际计价货币职能的总体实施方案和具体政策的制定带来较大困难。

同时，人民币国际计价货币职能的研究还存在如下不足：首先，现有文献存在官方部门和私人部门划分不清的问题。如学者们对跨境发行的人民币债券的研究普遍从离岸人民币债券和熊猫债券两个方面展开，但上述两种人民币债券均包括了官方部门和私人部门发行的债券，将这两个部门跨境发行的人民币债券混合在一起研究将不利于揭示其在官方部门和私人部门使用上各自的发展现状及存在的问题，从而难以提出具有针对性、可借鉴的发展路径和具体策略。事实上，官方部门和私人部门跨境发行人民币债券的发展进程并不同步，在发行规模、国家和地区分布等方面存在较大差异，现有文献将两者混合在一起考察将带来加总偏误。

其次，现有研究以定性分析为主。这尤其体现在对人民币国际计价货币职能影响因素的研究上。除人民币成为锚货币的影响因素的研究主要采用经济计量分析以外，其他人民币计价影响因素的研究大多采用定性分析，这将难以对各因素的影响方向和程度做出准确判断。并且，已有文献对人民币发挥金融交易计价货币职能的影响因素的研究还十分匮乏。近年来，人民币计价金融产品快速发展，作为金融交易人民币计价的代表，人民币国际债券已成为人民币发挥国际计价货币职能的重要表现形式。对其影响因素的深入分析和实证检验将对进一步推动人民币发挥国际计价货币职能具有重要意义。

第三章　人民币国际计价货币职能的
发展状况

第一节　人民币发挥国际计价货币职能的现状

随着中国在世界经济中地位的提升以及人民币在其他经济体的认可度和使用程度的不断提升，一些经济体的政府、央行和国际机构开始使用人民币进行相关资产计价，主要表现为人民币成为其他经济体的锚货币、国际债券的官方计价货币和人民币入篮 SDR 等。

一、官方部门人民币计价现状

（一）人民币货币锚效应测算

考虑到目前各经济体并不公开其正式或非正式货币篮子中参考人民币的情况，本书采用计量模型实证分析人民币在全球各经济体的锚货币现象。

1.计量模型构建

对于锚货币的研究，Frankel 和 Wei(1994)首次提出各国货币篮子中主要国际货币权重的估计方程，该模型成为检验一种货币是否成为锚货币的经典计量模型，并被学者们广泛运用于检验人民币是否为各经济体的隐性货币锚。然而，在运用该方法对人民币货币锚效应进行检验时，由于在 2005 年之前中国实施钉住美元的固定汇率制度，人民币汇率跟随美元汇率变动，人民币与美元汇率具有高度相关性，因此采用 Frankel-Wei 方法构建的计量模型存在高度共线性，从而导致估计结果存在较大偏误。

为减少和避免人民币与美元的共线性问题，后续研究主要通过选取人民币浮动汇率时期（Henning，2012；Subramanian and Kessler，2013）、采用美元作为计价货币单位（Ho et al. ，2005；Chow，2011）和剔除人民币汇率变动中美元的影响（亦称两步 Frankel-Wei 方法）（Balasubramaniam et al. ，2011；Fratzscher and Mehl，2014）三种方法处理多重共线性问题。其中，对于第一种处理方法，相关研究主要选取 2005 年 7 月人民币汇改后的人民币汇率浮动时期进行分析，但由于人民币在汇改后实际上主要还是钉住美元（杨荣海和李亚波，2017），因此该方法并不能较好地解决人民币与美元的多重共线性问题。而第二种方法虽然通过使用所有货币兑美元汇率而避免了人民币与美元的多重共线性，但带来了各经济体货币篮子中的美元权重无法估计的问题。因此，现有研究主要从第三种方法出发，采用两步 Frankel-Wei 方法对人民币是否成为锚货币进行检验。在此基础上，Kawai 和 Pontines（2016）进一步提出了修正的两步 Frankel-Wei 方法，通过剔除人民币汇率变动中美元等的影响，以及采用新西兰元作为计价货币单位，有效地处理了人民币与美元之间存在的多重共线性问题。

基于此，为考察人民币在全球各经济体的货币锚效应，本书采用 Kawai 和 Pontines（2016）提出的修正的两步 Frankel-Wei 方法，首先剔除人民币汇率变动中美元及其他主要国际货币的影响，具体如下：

$$\Delta\log\left(\frac{CNY_t}{NZD_t}\right) = \alpha_0 + \alpha_1 \Delta\log\left(\frac{USD_t}{NZD_t}\right) + \alpha_2 \Delta\log\left(\frac{EUR_t}{NZD_t}\right)$$

$$+ \alpha_3 \Delta\log\left(\frac{JPY_t}{NZD_t}\right) + \alpha_4 \Delta\log\left(\frac{GBP_t}{NZD_t}\right) + \omega_t \quad (2\text{-}1)$$

其中，$\Delta\log\left(\frac{CNY_t}{NZD_t}\right)$、$\Delta\log\left(\frac{USD_t}{NZD_t}\right)$、$\Delta\log\left(\frac{EUR_t}{NZD_t}\right)$、$\Delta\log\left(\frac{JPY_t}{NZD_t}\right)$ 和 $\Delta\log\left(\frac{GBP_t}{NZD_t}\right)$ 分别表示人民币、美元、欧元、日元、英镑兑新西兰元的汇率

对数一阶差分形式，$\alpha_i (i=0,1,\cdots,4)$ 为待估参数，ω_t 为残差项。与以往研究不同的是，本书并未采用瑞士法郎或 SDR 等典型计价货币单位，而是使用了新西兰元作为计价货币单位，其背后的原因是瑞士在 2011 年 9 月至 2015 年 1 月间实行钉住欧元的汇率政策，SDR 的构成则包括了美元、欧元、日元、英镑和人民币，因此，瑞士法郎和 SDR 已不符合该模型要求的计价货币完全自由浮动的假设。而对于新西兰元，其货币发行国作为与瑞士类似的中立国，具有较高的经济和政治自主性，并且，新西兰是资本账户完全开放的小型开放经济体，实行自由浮动的汇率制度，对于选取的样本国货币，新西兰元并不是其主要参考货币（Ilzetzki et al.，2017），故选择新西兰元作为计价货币单位。

其次，用式（2-1）得到的残差项替代人民币汇率数据，考察人民币在特定经济体的货币锚效应，具体模型如下：

$$\Delta\log(\frac{X_t}{NZD_t}) = \beta_0 + \beta_1 \Delta\log(\frac{USD_t}{NZD_t}) + \beta_2 \Delta\log(\frac{EUR_t}{NZD_t})$$

$$+ \beta_3 \Delta\log(\frac{JPY_t}{NZD_t}) + \beta_4 \Delta\log(\frac{GBP_t}{NZD_t}) + \beta_5 \hat{\omega}_t$$

$$+ \mu_t \tag{2-2}$$

其中，$\dfrac{X_t}{NZD_t}$ 表示特定经济体货币兑新西兰元汇率，$\hat{\omega}_t$ 为由式（2-1）得到的残差项估计序列，$\beta_i (i=0,1,\cdots,5)$ 和 μ_t 分别为式（2-2）的待估参数和残差项。进一步地，假设货币篮子中的各货币权重之和为 1，即 $\beta_1 + \beta_2 + \beta_3 + \beta_4 + \beta_5 = 1$，则式（2-2）可转换为如下形式：

$$\Delta\log(\frac{X_t}{NZD_t}) - \hat{\omega}_t = \beta_0 + \beta_1 \left[\Delta\log(\frac{USD_t}{NZD_t}) - \hat{\omega}_t\right]$$

$$+ \beta_2 \left[\Delta\log(\frac{EUR_t}{NZD_t}) - \hat{\omega}_t\right]$$

$$+ \beta_3 \left[\Delta\log(\frac{JPY_t}{NZD_t}) - \hat{\omega}_t\right]$$

$$+ \beta_4 \left[\Delta\log(\frac{GBP_t}{NZD_t}) - \hat{\omega}_t\right] + \mu_t \tag{2-3}$$

对于式(2-3),人民币在特定经济体货币篮子中的权重为 $\beta_5 = 1 - \beta_1 - \beta_2 - \beta_3 - \beta_4$,$\beta_5$ 的统计量通过 F 检验获取,当 F 统计量大于 10% 显著水平上的临界值时,说明人民币已成为该经济体的锚货币。

同时,为考察人民币发挥货币锚效应的时变性,采用滚动窗口回归方法,对人民币产生锚效应的经济体历年货币篮子中人民币的权重进行测度,以探究人民币发挥锚货币职能的动态演化过程。

2. 样本选择和数据说明

考虑到全球各经济体实行的汇率制度存在较大差异,本书对全球所有经济体进行了筛选。首先,剔除了美国、英国等发达国家,这些国家由于长期实行自由浮动的汇率制度,且部分国家货币已发展为国际货币,其钉住人民币的可能性较低。其次,一些经济体在选择锚货币时存在明显的偏好,如巴拿马、萨尔瓦多等完全美元化的国家,以及欧元区国家,本书也进行了剔除。最后,根据数据的可得性,共选取全球 109 个经济体,考察人民币在上述各经济体发挥货币锚效应的情况,所选经济体和对应的货币代码详见附表 A。

本书的研究对象为美元、欧元、日元、英镑、人民币及全球 109 种经济体货币兑新西兰元汇率的收盘价,对于无法获取的货币兑新西兰元汇率数据,通过该货币兑美元汇率数据除以美元兑新西兰汇率数据计算得到。在样本期选择上,由于欧元汇率在 2000 年开始公布数据,样本期为 2000 年 1 月 3 日至 2018 年 12 月 31 日,剔除交易日不重叠的数据,共得到 4955 个日数据(来源于汤森路透)。对所有货币汇率的收盘价进行对数一阶差分处理,得到的收益率序列均在 1% 显著水平上通过了 ADF 单位根检验。

3. 实证检验与结果分析

通过对上述计量模型的估计,首先考察全样本下人民币是否成为全球各经济体的锚货币,其次考察在人民币产生锚效应的经济体中,人民币在其货币篮子中的权重变化,以此分析人民币发挥锚货币职能的动态演化过程。

在得到估计结果之前，本书对修正的两步 Frankel-Wei 方法中各经济体锚定的主要货币权重之和为 1 的假设进行检验，检验结果详见附表B。结果表明，其检验 p 值均大于 0.1，表明对于人民币系数显著的各经济体，在样本区间内均没有拒绝其主要锚定货币权重之和为 1 的原假设，从而为采用式(2-3)估计人民币在经济体货币篮子中的权重提供了支撑。

表 3-1 给出了全球各经济体中人民币系数显著的估计结果。从表中可以看出，在被调查的全球 109 个经济体中，人民币已成为 49 个经济体的锚货币。其中，人民币分别对 23 个亚洲经济体、13 个非洲经济体、9 个拉丁美洲经济体、2 个欧洲经济体和 2 个大洋洲经济体货币汇率产生显著影响，说明人民币发挥锚货币职能的区域主要集中在亚洲、非洲和拉丁美洲地区。在人民币发挥锚货币职能的经济体中，既包括越南、巴基斯坦、沙特阿拉伯、阿联酋、秘鲁和安哥拉等新兴市场与发展中经济体，也包括新加坡、以色列、捷克等发达经济体，这反映出人民币已经在全球汇率安排中发挥重要影响。其中，人民币影响系数排名前十位的经济体分别为刚果共和国(0.457)、突尼斯(0.373)、菲律宾(0.363)、文莱(0.341)、哈萨克斯坦(0.338)、莫桑比克(0.312)、土耳其(0.252)、以色列(0.248)、阿根廷(0.243)和新加坡(0.240)，这进一步表明人民币在亚洲、非洲和拉丁美洲地区的影响力相对较强，意味着"人民币区"可在上述地区率先发展起来。

进一步地，将人民币与其他主要货币的系数[①]进行比较可以发现，在人民币发挥货币锚效应的经济体中，人民币对菲律宾比索、阿根廷比索、莫桑比克梅蒂卡尔和智利比索的影响均大于对美元、欧元、英镑和日元的影响，意味着人民币已经成为上述经济体的主要参考货币。但是，就人民币发挥货币锚效应的其他经济体而言，人民币的影响仍普遍小于美元、欧元、英镑和日元的影响。由此可见，这些货币仍然在全球汇率安排中发挥较大影响，但在一些经济体中人民币的锚货币地位已经出现上升迹象。

---

① 详见附表 B。

表 3-1　人民币发挥货币锚效应的经济体分布

地区(样本数)	经济体(影响系数)
亚洲(23)	菲律宾(0.363)、文莱(0.341)、哈萨克斯坦(0.338)、土耳其(0.252)、以色列(0.248)、新加坡(0.240)、格鲁吉亚(0.219)、亚美尼亚(0.209)、马来西亚(0.208)、蒙古国(0.189)、老挝(0.162)、摩尔多瓦(0.147)、韩国(0.142)、吉尔吉斯斯坦(0.134)、印度尼西亚(0.074)、柬埔寨(0.061)、中国香港(0.053)、印度(0.052)、巴林(0.032)、阿联酋(0.020)、沙特阿拉伯(0.015)、阿曼(0.012)、约旦(—0.019)
非洲(13)	刚果共和国(0.457)、突尼斯(0.373)、莫桑比克(0.312)、安哥拉(0.207)、埃及(0.185)、阿尔及利亚(0.181)、马拉维(0.151)、科摩罗(0.088)、马达加斯加(0.067)、吉布提(0.048)、利比亚(0.025)、肯尼亚(0.019)、毛里求斯(—0.044)
拉丁美洲(9)	阿根廷(0.243)、乌拉圭(0.207)、海地(0.176)、牙买加(0.099)、多米尼加(0.087)、玻利维亚(0.082)、阿鲁巴(0.043)、巴哈马(0.034)、哥伦比亚(0.034)
欧洲(2)	波黑(0.099)、罗马尼亚(0.008)
大洋洲(2)	巴布亚新几内亚(0.122)、斐济(0.090)

注:①"影响系数"指人民币对各经济体货币汇率的影响系数。
　　②详细估计结果见附表 B。

接下来,进一步分析人民币发挥锚货币职能的动态演化过程。图 3-1 给出了人民币系数显著的 49 个经济体中历年人民币汇率对其货币汇率的影响程度[①],以此考察人民币发挥货币锚效应的动态演化过程。

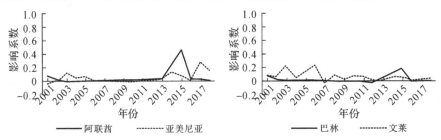

① 本书参考王有鑫等(2018)的做法,以每两年的观测数据为滚动窗口,测度了 2001—2018 年人民币对 49 个经济体货币汇率的影响程度。

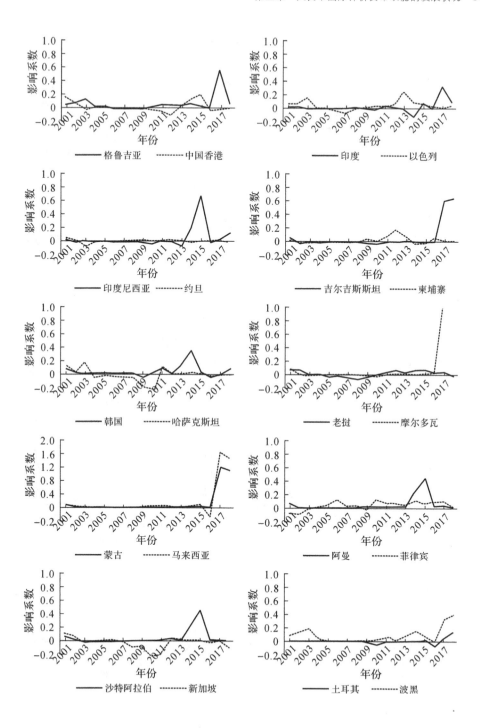

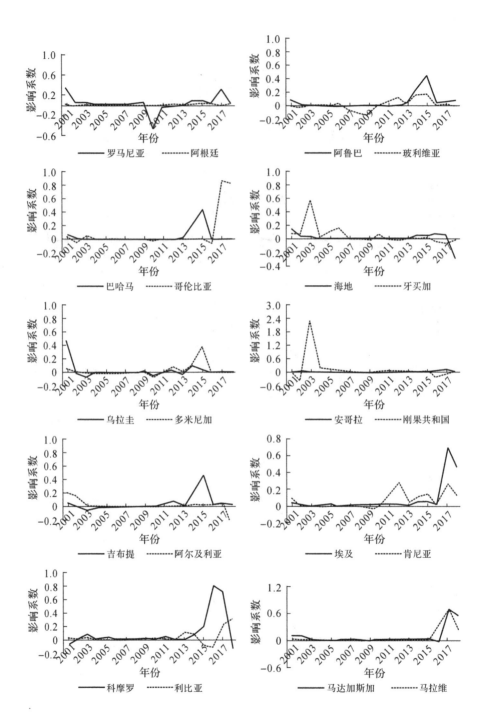

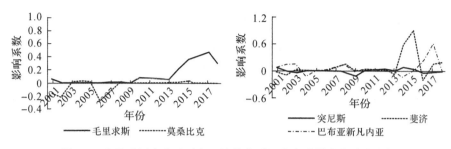

图 3-1　人民币汇率变动对各经济体货币汇率变动影响的动态变化

　　从图 3-1 中可以看出,近年来人民币的货币锚效应具有一定的时变性。2001 年,受到中国加入世界贸易组织(WTO)的影响,中国同其他经济体的进出口贸易规模明显扩大,中国的国际地位明显提升,从而给人民币发挥货币锚效应带来了较大的正向刺激作用,各经济体中人民币的影响系数普遍在 0.06 左右。随着中国加入 WTO 的正向刺激作用的逐渐释放,大多数经济体中的人民币影响系数开始下降,特别是 2005 年和2008—2010 年的下降趋势较为明显。这主要是受 2005 年人民币汇率制度改革和 2008 年全球金融危机的影响。其中,2005 年人民币汇率制度改革虽然提高了人民币汇率的定价效力,但也使人民币汇率更容易受到来自其他货币汇率变动的冲击,从而增加了人民币汇率的波动性,使得其他经济体中锚定人民币的权重有所下降。而全球金融危机的爆发则使全球经济体遭受了较大冲击,各经济体央行或货币当局为了保障其贸易和投资利益,加强了与其他主要货币汇率关系的基本稳定,从而导致各经济体中人民币的影响系数有所下降。

　　2011 年后,伴随着全球金融危机影响的逐渐消减,中国与其他经济体间的贸易往来有所回暖,人民币影响系数普遍提升。2012 年,受到美国经济好转以及美元进入新一轮牛市周期的影响,各经济体再次关注美元,人民币影响系数再次出现小幅回落。2013 年,"一带一路"倡议正式提出。2015 年,"一带一路"倡议进入实质性推进阶段,《推动共建丝绸之路经济带和 21 世纪海上丝绸之路的愿景与行动》发布,中国倡导的亚洲基础设施投资银行成立,这些举措都极大地推进了中国与"一带一路"沿线国家之间的贸易金融合作,并使大多数"一带一路"沿线经济体的人民币影响系数大幅上升，最大值达到 0.65。2016 年，受到人民币持续贬值以及中国金融市场风险上升的影响，人民币影响系数出现了不同程度的下降，但随着人民币贬值的情况和国内金融市场风险得到有效控制，大多数经济体的人民币影响系数在 2017 年或 2018 年再次上升，人民币货币锚效应有所增强。

（二）官方部门跨境发行的人民币债券

近年来，各国（地区）政府、央行和国际金融机构跨境发行的人民币债券不断涌现。首先，从债券规模来看，如图 3-2 所示，自 2009 年亚洲开发银行发行首只人民币超主权国际债券起，官方部门跨境发行的人民币债券规模逐渐扩大。在 2016 年之前，跨境发行的人民币债券数量和金额呈现明显的上升趋势，尤其是在 2010—2016 年，债券发行规模迅速扩大，年内发行数量从 2010 年的 1 只增长至 2016 年的 10 只，发行金额则从 1.45 亿美元增长至 31.97 亿美元，表明各国（地区）政府、央行和国际金融机构对人民币跨境金融产品的需求和认可度持续提升。2017 年，官方部门跨境发行的人民币债券数量出现了较大幅度的下滑，但发行金额再次上升，达到了 37 亿美元。2018 年，受到全球大部分经济体经济增速放缓的影响，官方部门跨境发行的人民币债券数量和金额均出现小幅下降，年内债券发行数为 5 只，发行金额为 34.09 亿美元。截至 2018 年底，官方部门跨境发行的人民币债券数量达到 45 只，金额达到 145 亿美元。

其次，从债券类型来看，根据债券发行市场，官方部门跨境发行的人民币债券包括香港离岸人民币债券和熊猫债券两种类型，其债券类型分布如表 3-2 所示。从表中可以看出，无论是发行数量还是发行金额，官方部门发行的香港离岸人民币债券占其发行所有债券的比重均在 80% 以上，表明与熊猫债券相比，香港离岸人民币债券是官方部门跨境发行人民币债券的主要形式，中国香港地区是官方部门跨境发行人民币债券的主要市场，官方部门发行的熊猫债券还有较大的发展空间。

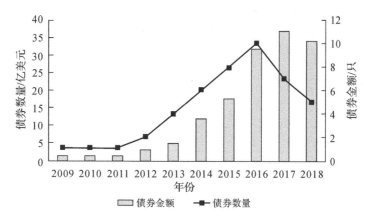

图 3-2 2009—2018 年官方部门跨境发行的人民币债券的数量和金额

数据来源:根据汤森路透披露的数据计算得到。

表 3-2 官方部门跨境发行的人民币债券的类型分布

债券类型	数量/只	数量占比/%	金额/亿美元	金额占比/%
香港离岸人民币债券	39	86.7	117.50	89.5
熊猫债券	6	13.3	13.3	10.5

注:表中数据为 2018 年的存量数据,其根据汤森路透披露的数据计算得到。

再次,从发行国家和地区来看,表 3-3 给出了截至 2018 年底官方部门跨境发行人民币债券的国家(地区)和机构分布情况。从中可以看出,除亚洲开发银行这一国际金融机构以外,共有中国、匈牙利、菲律宾等 5 个国家和地区的政府跨境发行了人民币债券,发行区域已拓展至亚洲、欧洲和北美洲地区。其中,中国政府跨境发行的人民币债券数量最多,截至 2018 年底,共跨境发行人民币债券 38 只,金额达到 102.97 亿美元,占所有国家和地区跨境发行的人民币债券的数量和金额的比重分别为 84.5% 和 78.5%。相比之下,其他国家和地区政府跨境发行人民币债券的数量和金额占比均不足 5%,且其中大多数国家和地区政府均是首次跨境发行以人民币计价的债券,这进一步说明中国政府是官方部门跨境发行人民币债券的主要推动力量,人民币国际债券在其他国家(地区)的认可程度和使用程度还需进一步加强。

表 3-3 官方部门跨境发行人民币债券的国家(地区)和机构分布

发行主体		数量/只	数量占比/%	金额/亿美元	金额占比/%
中国	中国政府	38	84.5	102.97	78.5
	中国人民银行	1	2.2	14.53	11.1
匈牙利		2	4.5	4.36	3.3
菲律宾		1	2.2	2.12	1.6
波兰		1	2.2	4.36	3.3
加拿大不列颠哥伦比亚省		1	2.2	1.45	1.1
亚洲开发银行		1	2.2	1.45	1.1

注：表中数据显示的是 2018 年存量数据，数据来源于汤森路透。

最后，从债券发行主体来看，如表 3-4 所示，就官方部门而言，目前跨境发行的人民币债券的发行主体较为丰富，已涵盖国家政府、央行、地方政府和国际金融机构。发行主体的不断拓展反映了人民币的国际认可程度不断提升，这将有利于推动更多国家和地区发行人民币主权债券。在各发行主体中，无论是发行数量还是发行金额，国家政府仍然是主要官方发行主体，而在其他发行主体中，除中央银行的发行金额较为可观外，地方政府和国际金融机构的发行规模还十分有限。由此可见，目前跨境发行的人民币债券的官方发行客体以各国政府发行的人民币主权债券为主。

表 3-4 跨境发行的人民币债券的官方发行主体分布

发行主体	数量/只	数量占比/%	金额/亿美元	金额占比/%
国家政府	42	93.4	113.81	86.7
中央银行	1	2.2	14.53	11.1
地方政府	1	2.2	1.45	1.1
国际金融机构	1	2.2	1.45	1.1

数据来源：根据汤森路透披露的 2018 年存量数据计算得到。

（三）人民币入篮 SDR 和 SDR 债券

长期以来，SDR 作为一种补充性国际储备资产，被各国政府在与国际金融机构的资金往来、国际收支操作以及充当外汇储备中广泛使用。

伴随着人民币国际化的快速发展,国际货币基金组织(IMF)于 2015 年 11 月宣布将人民币纳入 SDR 货币篮子,成为继美元、欧元、日元和英镑之后的第五种 SDR 构成货币。2022 年 5 月,IMF 将人民币在 SDR 货币篮子中的权重由 10.92% 上调至 12.28%。人民币成功入篮 SDR 成为人民币发挥官方部门计价货币职能的突破性表现。

不仅如此,为进一步推动人民币国际化进程和境内资本市场改革,SDR 债券在中国银行间债券市场成功发行,成为人民币发挥官方部门计价货币职能的又一突出表现。截至 2016 年,中国银行间债券市场共发行了 2 只 SDR 债券,分别为 2016 年 8 月世界银行发行的 5 亿 SDR 债券,以及 2016 年 10 月渣打银行(香港)发行的 1 亿 SDR 债券。SDR 债券的成功发行为人民币成为官方部门计价货币开辟了新的发展路径,使人民币可以凭借 SDR 及其相关金融产品的使用发挥国际计价货币职能,并将有助于更多官方主体的相关金融交易选择人民币计价。

二、私人部门人民币计价现状

随着中国对外贸易规模的持续攀升以及国际投资者对人民币资金投融资需求的不断增强,各国和地区企业在其经营活动中开始使用人民币计价,主要体现在人民币发挥跨境贸易和金融交易计价货币职能上。

(一)跨境贸易人民币计价

自 1997 年国家外汇管理局允许中国与周边经济体的边境贸易使用人民币计价和结算之后,人民币逐渐在边境贸易中发挥计价货币职能。2009 年 4 月,我国决定在上海、广州等城市开展跨境贸易人民币结算试点,并于 2011 年 8 月将试点城市扩展至全国,这有效地推动了中国在与其他经济体的贸易中使用人民币计价,人民币在跨境贸易计价货币职能上的作用不断增强。目前,由于亚洲经济体对中国的贸易依存度较高,以及经济体间的商品结构具有一定的互补性,在中国与亚洲其他经济体尤其是中国周边经济体的相互贸易中使用人民币计价的意愿普遍较强。据不完全统计,中国与越南、缅甸的边境贸易人民币计价发展迅速,人民币计价的商品约占其边境贸易额的 80% 以上,部分边贸口岸甚至达到 90% 以上(李波,2013)。亚洲地区已成为人民币充当跨境贸易计价货币的主要区域。与此同时,人民币在国际社会上的认可程度不断提高,越来越多的经济体也逐渐尝试使用人民币作为与中国以及其他国家(地区)贸易的计价货币,使用人民币计价的区域已拓展至欧洲、北美洲、拉丁美洲和大洋洲①等地区。

然而,通过考察中国与上述地区国家贸易中使用人民币计价的份额,如表 3-5 至表 3-9 所示,可以看出,近年来人民币在相关国家贸易计价中的比重还非常小,与主要国际货币相比,人民币计价普遍存在较大差距,美元、日元、欧元等货币在相关国家的贸易计价中仍然占据主导地位。不仅如此,上述国家各类商品贸易中使用人民币计价的份额也明显低于美元、日元等国际主要货币。如在印度尼西亚进出口商品贸易中②,近年来油气和非油气进出口人民币计价的份额普遍低于美元、日元、欧元和新加坡元,其中,该国的油气出口尚未使用人民币计价,表现出人民币计价在大宗商品出口中的使用还十分有限。并且,英国税务海关总署公布的数据显示,在英国对非欧盟国家的各类出口商品中,除机械及运输设备类出口商品的人民币计价份额略高于欧元外,其他出口商品使用人民币计价的份额均显著低于美元、欧元和英镑。由此可见,在其他国家的对外贸易中,人民币计价的使用程度仍然较低,主要国际货币是相关国家贸易计价的主要货币选择。

---

① Chung(2016)的研究表明,2002 年 2 月至 2009 年 2 月,加拿大对中国进口使用人民币计价的占比为 0.1%,Liu 和 Lu(2018)的研究指出,2007—2013 年,哥伦比亚在对中国的出口中使用了人民币计价。澳大利亚央行公布的报告指出,早在 1997 年第一季度,澳大利亚对外贸易中已使用人民币计价。

② 数据来源:印度尼西亚银行。

表 3-5　日本出口和进口计价货币构成情况　单位:%

年份	出口				进口			
	美元	日元	欧元	人民币	美元	日元	欧元	人民币
2014	53.0	36.1	6.0	0.7	73.8	20.7	3.6	0.5
2015	53.5	35.5	5.8	0.9	70.5	23.2	3.7	0.8
2016	51.1	37.1	6.1	1.1	66.8	26.5	4.0	0.8
2017	51.3	36.1	6.3	1.2	69.0	24.4	4.0	0.9
2018	49.8	37.0	6.5	1.2	69.2	24.2	3.9	1.0

数据来源:根据日本通产省公布的数据计算得到。

表 3-6　韩国出口和进口计价货币构成情况　单位:%

年份	出口				进口			
	美元	欧元	日元	人民币	美元	欧元	日元	人民币
2014	85.8	5.5	3.1	0.4	84.3	5.7	5.0	0.2
2015	86.1	5.0	2.8	1.0	81.8	6.3	5.5	0.6
2016	84.4	5.5	3.0	1.7	78.6	6.7	6.6	1.0
2017	84.5	5.3	2.8	1.7	78.6	6.6	6.8	1.0
2018	84.5	5.6	2.7	1.7	80.2	6.4	6.1	0.8

数据来源:根据韩国银行公布的数据计算得到。

表 3-7　印度尼西亚出口和进口计价货币构成情况　单位:%

年份	出口				进口			
	美元	欧元	日元	人民币	美元	欧元	日元	人民币
2010	95.0	1.1	1.1	0.0	82.4	3.3	5.4	0.0
2011	94.6	1.0	0.8	0.3	83.7	3.0	4.0	0.0
2012	93.0	1.1	1.8	0.4	81.1	3.5	3.9	0.1
2013	93.8	0.9	1.1	0.1	81.0	3.7	3.2	0.1
2014	93.7	1.2	0.8	0.6	80.1	3.8	3.1	0.1
2015	94.0	1.2	0.7	0.8	81.5	4.7	3.0	0.2
2016	93.6	1.2	0.9	0.7	88.5	4.5	3.8	0.6
2017	94.4	1.1	0.8	0.3	88.8	4.7	4.0	0.7
2018	93.8	1.0	1.0	0.7	90.0	4.1	3.1	1.4

数据来源:根据印度尼西亚银行公布的数据计算得到。

表 3-8　泰国出口和进口计价货币构成情况　　　　　　　单位：％

年份	出口				进口			
	美元	日元	泰铢	人民币	美元	日元	泰铢	人民币
2015	78.2	12.5	4.7	0.1	79.5	7.2	6.7	0.4
2016	77.1	13.2	5.0	0.2	77.1	8.2	7.1	0.7
2017	77.1	14.0	4.1	0.3	78.7	8.1	6.2	0.7
2018	76.8	15.7	2.9	0.3	78.7	8.4	5.9	0.9

数据来源：泰国银行网站。

表 3-9　英国对非欧盟国家出口计价货币构成情况　　　　单位：％

计价货币构成	2015 年	2017 年	2018 年
美元	56.9	51.0	44.6
英镑	36.7	38.8	43.9
欧元	3.1	3.5	3.7
人民币	0.5	1.8	2.0
其他货币	2.8	4.9	5.8

数据来源：英国税务海关总署（HMRC）网站。

（二）金融交易人民币计价

随着人民币国际化的不断推进，人民币在跨境贸易和直接投资中的使用率不断上升，这极大地推动了各国（地区）企业对人民币的投融资偏好，人民币开始在债券、股票、基金、期货和货币兑换交易领域发挥金融交易计价货币职能。

1. 企业跨境发行的人民币债券

近年来，人民币债券的企业跨境发行得到了迅猛发展。首先，从债券发行规模来看，自 2007 年 7 月国家开发银行在中国香港地区发行第一只人民币债券以来，人民币债券的企业跨境发行规模呈现阶段性上升趋势。如图 3-3 和图 3-4 所示，2014 年之前，跨境发行的人民币债券规模较小，发行数量和金额分别维持在 10 只债券和 5 亿美元以内。2014 年，受到人民币汇率浮动幅度由 1％扩大至 2％和人民币汇率持续升值的影响，投资者对跨境发行的人民币债券的持有偏好显著增强，这极大地推动了各经济体企业在跨境发行债券时选择人民币作为计价货币,该年人民币债券发行量达到 29 只,金额为 120 亿美元。此后,除 2015 年人民币汇率贬值导致发行数量和金额有所下降以及 2017 年发行金额下降外,跨境发行的人民币债券发行规模整体呈现上升走势,发行数量和金额不断创出新高。截至 2018 年底,各经济体企业共跨境发行人民币债券 494 只,发行金额达到 705 亿美元。尽管如此,在国际债券市场中,企业选择人民币计价的规模还很小,美元、欧元、英镑和日元等主要国际货币仍然是各经济体企业跨境发行债券的主要计价货币。2018 年,企业跨境发行的人民币债券的数量和金额占所有货币发行的债券比重仅为 0.77％和 3.71％。

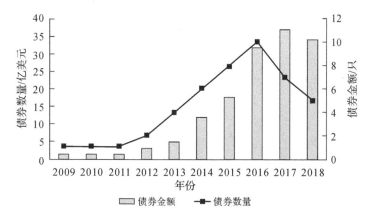

图 3-3　2007—2018 年各经济体企业跨境发行的人民币债券的数量情况

数据来源:根据汤森路透披露的数据计算得到。

　　其次,从债券类型来看,图 3-5 给出了截至 2018 年底各经济体企业跨境发行的人民币债券的类型分布情况。从图中可以看出,目前企业跨境发行的人民币债券有四种:香港离岸人民币债券(点心债券)是其主要形式,其次是熊猫债券和人民币欧洲债券,人民币全球债券则最少,占比不足 1％。这也进一步说明,中国香港地区是企业发行离岸人民币债券的主要场所,其在人民币充当国际债券计价货币上起到了重要的推动作用。相比之下,境内银行间债券市场、欧洲债券市场等其他市场的人民币债券发行还有较大的发展空间。

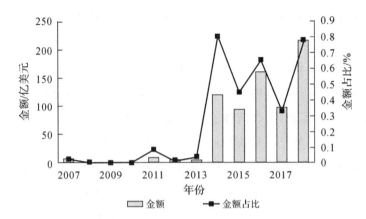

图 3-4 2007—2018 年各经济体企业跨境发行的人民币债券的金额情况

数据来源：根据汤森路透披露的数据计算得到。

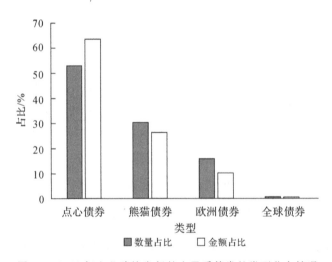

图 3-5 2018 年企业跨境发行的人民币债券的类型分布情况

数据来源：根据汤森路透披露的数据计算得到。

再次，从债券发行经济体来看（见表 3-10），截至 2018 年底，跨境发行人民币债券的企业的分布范围已涵盖亚洲、欧洲、北美洲、非洲和大洋洲，包括德国、新加坡、法国、澳大利亚、中国香港地区等 24 个国家和地区。其中，发行数量和金额排在前十位的经济体有中国、中国香港、德国、新加坡、法国、中国台湾、澳大利亚、开曼群岛、英属维尔京群岛、加拿大和美国。这表明越来越多的经济体开始选择人民币作为跨境发行的债券的计价货币。然而,各经济体在发行债券份额上仍存在较大差异。在发行数量方面,发行此类债券的企业主要集中在中国香港地区、澳大利亚和中国内地,其发行数量和全球占比分别为 166 只、91 只、62 只以及 33.60%、18.42%、12.55%,其他国家和地区的占比均不足 5%;在发行金额方面,发行此类债券的企业集中在中国内地和中国香港地区,发行金额和全球占比分别为 278.60 亿美元和 223.88 亿美元以及 39.49% 和 31.74%,其他国家和地区的占比也均在 5% 以内。由此可见,在诸多发行经济体中,中国企业在跨境发行人民币债券上占据绝对的主导地位,其他经济体的企业还有较大的发展空间。

表 3-10　2018 年企业跨境发行的人民币债券存量的经济体分布情况

经济体	发行数量			发行金额		
	规模/只	排名	占比/%	规模/亿美元	排名	占比/%
中国	62	3	12.55	278.60	1	39.49
中国香港	166	1	33.60	223.88	2	31.74
德国	12	9	2.43	31.94	3	4.53
新加坡	23	4	4.66	19.82	4	2.81
法国	22	5	4.45	17.31	5	2.45
中国台湾	13	7	2.63	14.68	6	2.08
澳大利亚	91	2	18.42	13.94	7	1.98
开曼群岛	14	6	2.83	11.19	8	1.59
英属维尔京群岛	12	8	2.43	10.82	9	1.53
加拿大	11	11	2.23	9.71	10	1.38
荷兰	7	14	1.42	6.62	11	0.94
中国澳门	6	15	1.21	5.81	12	0.82
阿联酋	11	12	2.23	5.50	13	0.78
美国	12	10	2.43	5.40	14	0.77
马来西亚	6	16	1.21	3.43	15	0.49
日本	4	18	0.81	2.79	16	0.40
英国	8	13	1.62	2.67	17	0.38

续表

经济体	发行数量			发行金额		
	规模/只	排名	占比/%	规模/亿美元	排名	占比/%
新西兰	2	20	0.40	2.51	18	0.36
韩国	6	17	1.21	2.49	19	0.35
南非	1	24	0.20	2.10	20	0.30
塞浦路斯	2	19	0.40	2.09	21	0.30
爱尔兰	1	21	0.20	2.09	22	0.30
意大利	1	22	0.20	1.75	23	0.25
卡塔尔	1	23	0.20	0.14	24	0.02

数据来源:根据汤森路透披露的数据计算得到。

最后,从债券发行主体来看,随着越来越多的企业选择人民币作为跨境发行债券的计价货币,发行此类债券的企业已由内地的银行、国有企业扩展至内地和香港地区的私营企业,以及跨国企业、外国独资企业和金融机构等。截至 2018 年底,全球共有 154 家企业跨境发行人民币债券,共涉及银行业、房屋建筑、食品加工、信息科技、电力等 19 个行业。具体地,行业分布如表 3-11 所示。可以看出,银行业是跨境发行人民币债券的主要行业,截至 2018 年底,银行业企业跨境发行人民币债券共 268 只,金额达到 240.90 亿美元,分别占所有行业企业发行量的 54.25% 和 34.15%。其次是其他金融业,共发行 121 只,金额为 157.19 亿美元,占比分别为24.49% 和 22.28%。证券业企业发行的此类债券最少,近年只发行了 1只,金额不足 1 亿美元。由此可以发现,银行和其他金融机构是发行此类债券的主力军,在推动人民币充当国际债券计价货币上发挥了重要作用。

表 3-11 2018 年企业跨境发行的人民币债券存量的行业分布情况

行业	发行数量			发行金额		
	规模/只	排名	占比/%	规模/亿美元	排名	占比/%
银行业	268	1	54.25	240.90	1	34.15
其他金融业	121	2	24.49	157.19	2	22.28

续表

行业	发行数量			发行金额		
	规模/只	排名	占比/%	规模/亿美元	排名	占比/%
其他服务业	47	3	9.51	157.15	3	22.28
房屋建筑业	16	4	3.24	54.79	4	7.77
汽车制造业	9	5	1.82	30.71	5	4.35
租赁业	4	9	0.81	25.89	6	3.67
油气业	5	6	1.01	1.16	7	0.16
其他运输业	3	10	0.61	7.69	8	1.09
其他公共事业	4	7	0.81	6.61	9	0.94
食品加工业	4	8	0.81	5.94	10	0.84
信息科技业	1	19	0.20	5.59	11	0.79
消费品业	2	13	0.40	5.59	12	0.79
铁路业	1	14	0.20	4.82	13	0.68
建筑产品业	1	17	0.20	4.19	14	0.59
电力业	3	11	0.61	2.42	15	0.34
金属和采矿业	2	12	0.40	2.09	16	0.30
房地产投资基金业	1	15	0.20	1.12	17	0.16
博彩业	1	18	0.20	0.17	18	0.02
证券业	1	16	0.20	0.10	19	0.01

数据来源:根据汤森路透披露的数据计算得到。

2. 离岸人民币股票

为满足境外投资者投资人民币产品的多元化需求,离岸人民币股票应运而生,是人民币发挥金融交易计价货币职能的又一表现。2011 年 4 月,汇贤产业信托在中国香港地区发行人民币计价股票,成为全球首只在境外发行的人民币计价股票。2012 年 10 月,合和公路基建有限公司在中国香港地区发行人民币和港元计价股票,该股票在同一市场上同时向投资者提供人民币计价和港元计价,投资者可以自由选择使用何种货币进行计价、交易和结算,即"双币双股"。并且,该股票可以实现人民币计价股票和港元计价股票的相互转换,从而使投资者可以进行套取双股价差收益的套利活动。此后，其他境外市场在推动当地企业发行人民币计价股票方面也做出了诸多尝试。2015 年 11 月，由上海证券交易所、中国金融期货交易所和德意志交易所集团共同出资设立的中欧国际交易所股份有限公司正式运行，该公司将研究和推动当地企业发行人民币计价股票，进一步推出人民币计价金融创新产品。① 2019 年 9 月，中国扬子江造船公司在新加坡发行首只人民币计价股票，新加坡证券交易所也将进一步提供中国 A50 指数期货，从而为中国 A 股市场进行离岸交易提供了渠道。2019 年 10 月，澳门财政司司长梁维特表示将研究在澳门建立以人民币计价结算的证券市场，促进当地企业发行人民币计价股票。随着境外市场的不断拓展和相关部门举措的持续推进，人民币计价股票将得到进一步发展。

3. 跨境人民币基金

随着境外人民币相关产品的不断推出，境外企业和国际投资者对人民币相关资产的管理需求日益强烈。在此背景下，一些企业开始在境外发行人民币计价基金，以满足境外企业和国际投资者的资产管理需求。在这一进程中，中国香港地区仍然是企业发行人民币计价基金的主要场所。2010 年 8 月，海通（香港）金融控股有限公司在香港地区发行海通环球人民币收益基金，成为全球首只在境外发行的人民币计价基金。随后，恒生银行、工银亚洲、建银国际和汇丰集团也相继在香港地区发行人民币计价基金，境外企业发行有所升温。2012 年 2 月，恒生银行在香港地区发行人民币计价黄金基金，成为全球首只人民币计价的证券交易所交易基金。此外，2019 年 9 月，澳大利亚昆士兰投资公司（QIC）和平安资产管理有限公司在境外合作发行了以人民币计价的"QIC -平安中国企业债券基金"。

与此同时，伴随着合格境外机构投资者（QFII）和人民币合格境外机构投资者（RQFII）境内证券投资试点的推出，境外企业也开始通过 QFII 和 RQFII 发行人民币计价境内基金，以投资境内金融市场。国家外汇管

① 资料来源：鲍仁.将推动发行人民币计价股票[N].期货日报，2015-12-28(2).

理局公布的数据显示,自 2002 年 QFII 和 2011 年 RQFII 制度实施以来,全球已有 31 个国家和地区的超过 400 家企业和机构通过上述制度发行 QFII 基金和 RQFII 基金,境外企业发行人民币计价境内基金为人民币充当金融交易计价货币起到了重要的推动作用。

4. 人民币计价大宗商品期货

人民币计价大宗商品期货是人民币发挥金融交易计价货币职能的一大突破。长期以来,美元作为全球大宗商品的主要计价货币,一直占据着全球大宗商品及其金融衍生品的定价权。为突破人民币在大宗商品上的定价瓶颈,进一步推动人民币国际化深入发展,中国政府和相关部门重点部署,在人民币计价的原油期货、铁矿石期货和精对苯二甲酸(PTA)期货方面实现了突破。

在人民币原油期货方面,2018 年 3 月,人民币原油期货合约在上海国际能源交易中心上市,交易品种主要为中质含硫原油,包括迪拜原油、上扎库姆原油、阿曼原油、卡塔尔海洋油、也门马西拉原油、伊拉克巴士拉轻油,以及国产的胜利原油 7 个可交割油种。截至 2019 年 9 月,人民币原油期货开户超过 8.7 万户,单边日均成交量达到 14.9 万手,日均成交金额超过 691.6 亿元,成交量和持仓量均位于全球第三位,仅次于西德克萨斯中间基原油(WTI)期货和布伦特(Brent)原油期货。[①] 其中,境外交易者包括英国、澳大利亚、瑞士等国家和地区,其客户成交占全球客户成交量的比重达到 20%,持仓量占比为 25%。不仅如此,一些石化企业开始把人民币原油期货运用到企业经营、跨国贸易等多个环节。2018 年 9 月,中国国际石油化工联合有限公司和壳牌公司签署原油供应长约,其中壳牌供应联合石化的中东原油以上海原油期货价格作为计价基准,联合石化则以人民币原油期货价格进行原油交易。上海期货金融交易所则表示,未来还将进一步推出人民币期货期权、原油指数期货等人民币计价产品,这将推动越来越多的跨国企业和国际投资者使用人民币计价的相

---

① 数据来源:陈云富. 原油期货上市一年半了,交出了一份怎样的成绩单?[EB/OL]. (2019-10-16)[2021-06-06]. https://baijiahao. baidu. com/s? id=1647540547891625729&wfr=spider&for=pc.

关期货价格进行交易，为人民币进一步发挥金融交易计价货币职能提供助力。

铁矿石和PTA一直是中国重要的大宗商品消费品，其期货产品分别于2013年10月和2006年12月上市，参与者为境内交易商，并以人民币计价结算。为提高铁矿石期货和PTA期货价格的国际认可度，推动国内期货市场对外开放，铁矿石期货和PTA期货先后于2018年5月和同年11月引入境外交易者，从而进一步推动了人民币作为大宗商品计价货币的使用。

5. 银行间市场实现人民币与其他货币兑换交易

近年来伴随着人民币国际认可度和使用程度的逐渐提高，以及2008年全球金融危机后主要国际货币汇率的波动上升，一些经济体为节约汇兑成本，对人民币与其货币兑换交易的需求提升。在此背景下，银行间市场人民币对其他货币兑换交易应运而生，从而进一步推动了人民币在官方部门发挥国际计价货币职能。截至2018年底，中国外汇交易中心在银行间外汇市场实现了人民币对马来西亚林吉特、俄罗斯卢布、日元、澳大利亚元等23种货币的直接交易，以及哈萨克斯坦坚戈、蒙古图格里克和柬埔寨瑞尔3种货币的区域交易，具体货币和实施时间如表3-12所示。从表中可以看出，目前与人民币开展兑换交易的货币发行国既包括新兴市场国家，也包括传统发达国家，涉及的区域已拓展至东亚、中亚、西亚、中东欧、非洲和大洋洲等地区。

表3-12　银行间市场人民币与其他货币（非美元）直接和区域交易情况

货币	实施时间	交易类型	货币	实施时间	交易类型
马来西亚林吉特	2010-08-19	直接交易	沙特阿拉伯里亚尔	2016-09-26	直接交易
俄罗斯卢布	2010-11-22	直接交易	阿联酋迪拉姆	2016-09-26	直接交易
日元	2012-06-01	直接交易	加拿大元	2016-11-14	直接交易
越南盾	2012-06-26	直接交易	墨西哥比索	2016-12-12	直接交易
澳大利亚元	2013-04-10	直接交易	土耳其里拉	2016-12-12	直接交易
新西兰元	2014-03-19	直接交易	波兰兹罗提	2016-12-12	直接交易

续表

货币	实施时间	交易类型	货币	实施时间	交易类型
英镑	2014-06-19	直接交易	丹麦克朗	2016-12-12	直接交易
欧元	2014-09-30	直接交易	匈牙利福林	2016-12-12	直接交易
新加坡元	2014-10-27	直接交易	挪威克朗	2016-12-12	直接交易
哈萨克斯坦坚戈	2014-12-14	区域交易	瑞典克朗	2016-12-12	直接交易
瑞士法郎	2015-11-09	直接交易	蒙古图格里克	2017-08-11	区域交易
南非兰特	2016-06-20	直接交易	柬埔寨瑞尔	2017-09-13	区域交易
韩元	2016-06-27	直接交易	泰铢	2018-02-05	直接交易

资料来源：根据中国人民银行发布的《人民币国际化报告（2019 年）》整理而得。

不仅如此，银行间外汇市场上人民币对其他货币兑换交易的做市商体系逐渐完善。在人民币对其他货币的直接交易中，其做市商既包含全国性商业银行、地方性商业银行等中资银行，也包含全资外国商业银行和直接交易货币发行国银行在中国境内的分行等。在人民币对其他货币区域的交易中，其做市商在上述直接交易的做市商基础上，进一步引入境外银行参与市场交易，从而丰富了区域交易参与主体，有利于区域交易活跃度的提升。

随着与人民币兑换交易的货币的不断增加，以及市场上做市商体系的逐渐完善，银行间外汇市场人民币对其他货币（非美元）的兑换交易规模持续上升。中国人民银行发布的数据显示，2010 年之前，人民币对其他货币（非美元）直接交易即期成交额占市场所有交易即期成交额的比重不足 0.5%。2010 年后，人民币对其他货币（非美元）直接交易规模不断扩大，尤其是 2017 年和 2018 年，直接交易的增长率均超过 10%，在银行间外汇市场即期交易中的占比逐渐提升。2018 年，人民币对其他货币（非美元）直接交易额为 1.6 万亿元，占比达到 3.2%。进一步考察人民币对每种货币兑换交易规模可以发现，在 2018 年银行间即期外汇市场人民币对其他货币（非美元）的兑换交易中，与区域交易货币相比，直接交易货币的成交额明显较高，其中，成交额排在前十位的直接交易货币为欧元、日元、澳大利亚元、加拿大元、新加坡元和英镑，其成交额均在 190 亿元以上；相比之下，墨西哥比索、匈牙利福林、土耳其里拉和越南盾的成交额较少，均在 5 亿元以内。人民币与哈萨克斯坦坚戈、蒙古图格里克和柬埔寨瑞尔这三种货币的区域交易规模相对更小，其交易额均在 300 万元以下。

第二节　人民币发挥国际计价货币职能的特征

目前，人民币在官方部门和私人部门的国际计价货币职能均取得了较大进展。然而，现阶段的发展存在多方面失衡问题，具体如下。

一、官方部门人民币计价的发展程度普遍较低

在官方部门人民币计价的发展进程中，人民币的货币锚效应、官方部门跨境发行人民币债券以及人民币入篮 SDR 和 SDR 债券的发展程度普遍较低。

具体地，从人民币的货币锚效应来看，目前人民币尚未成为任何一个经济体货币汇率钉住的显性锚，在本书的实证分析中，虽然人民币已成为 49 个经济体货币的隐性锚，但人民币的影响程度均在 0.5 以下，与主要国际货币相比，人民币汇率仅对菲律宾比索、阿根廷比索、莫桑比克梅蒂卡尔和智利比索汇率的影响程度强于美元、欧元、英镑和日元的影响程度，对于人民币发挥货币锚效应的绝大多数经济体，人民币的影响程度均不及美元、欧元等主要国际货币。不仅如此，在近年来人民币发挥货币锚效应的发展进程中，人民币汇率对其他经济体货币汇率的影响程度在 2010 年之前普遍在 0.2 以下振荡，虽然在 2011 年之后，人民币影响程度均出现了不同程度的提升，但人民币对大多数经济体货币的影响程度仍然在 0.4 以下波动，这反映出人民币成为锚货币的发展程度普遍较低。

从人民币债券的官方发行来看，近年来，各国（地区）政府、央行和国际金融机构跨境发行的人民币债券有所增加，但截至 2018 年底，官方部

门发行的此类债券数仅为 45 只,金额仅为 145 亿美元,占所有货币计价发行的国际债券数量和金额的比重均不足 1%,且与美元、欧元、日元等主要国际货币计价的国际债券规模相比仍有很大差距。[①] 并且,除亚洲开发银行这一国际金融机构以外,仅有中国、匈牙利、菲律宾等 5 个国家和地区的政府和央行跨境发行人民币债券。其中,中国政府发行的此类债券的数量和金额占所有国家和地区发行的数量和金额的比重均在 70%以上,而其他国家和地区政府发行的此类债券占比均不足 5%,且其中大多数国家和地区政府均为首次发行。

从人民币入篮 SDR 及 SDR 债券情况来看,目前人民币已被纳入 SDR 货币篮子,但其在 SDR 货币篮子中的权重仅略高于日元和英镑,与美元和欧元相比仍然差距明显。并且,在人民币入篮 SDR 的背景下,中国银行间债券市场发行的 SDR 债券尚处于起步阶段,市场上仅有 2 只 SDR 债券成功发行,人民币通过 SDR 债券行使国际计价货币职能还有较大的发展空间。

二、私人部门人民币计价主要集中于亚洲地区

近年来,人民币在私人部门发挥国际计价货币职能取得了较大进展,但在发展过程中,私人部门人民币计价表现出明显的区域性失衡,即人民币作为跨境贸易计价货币和金融交易计价货币的区域主要集中在亚洲地区,而在其他区域充当国际计价货币的比例则十分有限。

对于跨境贸易计价货币,亚洲地区是人民币充当跨境贸易计价货币的主要区域。在中国与部分亚洲经济体的贸易中,尤其是其边境贸易中,使用人民币计价的份额很高,如人民币在中国与越南、缅甸的边境贸易中的计价份额已达到 80%以上,部分边贸口岸甚至超过 90%(李波,2013)。然而,在欧洲、拉丁美洲、北美洲和大洋洲等其他区域,人民币在国际贸易计价中的比重还十分有限,美元、英镑、欧元等主要国际货币仍然是上述

① 根据汤森路透发布的数据计算而得。

地区国家进行国际贸易计价的主要货币选择，人民币在上述地区贸易计价货币职能的发挥较为局限。

对于金融交易计价货币，人民币已经在债券、股票、基金和货币兑换交易等诸多跨境投融资金融产品中充当计价货币。然而，人民币充当上述计价货币的区域仍主要集中在亚洲地区。就人民币债券而言，中国香港地区是企业发行离岸人民币债券的主要场所，截至 2018 年底，各经济体企业在香港发行的离岸人民币债券占其发行的所有人民币债券的数量和金额比重分别达到 53.42％和 63.77％，超过了其他地区发行规模的总和。就离岸人民币股票而言，目前发行离岸人民币股票的场所有新加坡和中国香港地区，且在发行数量上主要集中在中国香港地区。就离岸人民币基金而言，中国香港地区也是企业发行离岸人民币基金的主要场所，市场上发行主体已拓展至各国和地区银行、国有企业、私营企业、跨国企业和金融机构等。就人民币对其他货币的兑换交易而言，在与人民币开展直接交易的 23 种货币中，亚洲货币达到 9 种，成为人民币对其他货币直接交易的主要区域；且与人民币实现了对哈萨克斯坦坚戈、蒙古图格里克和柬埔寨瑞尔这三种亚洲货币区域交易，在 2018 年银行间即期外汇市场人民币对其他货币的兑换交易中，亚洲货币的兑换交易额达到 5844.05 亿元，占所有货币兑换交易额的比重达到 44.17％。

三、不同人民币计价职能的发展进程差距明显

进一步考察各方面人民币计价的发展进程可以发现，人民币作为锚货币、跨境贸易计价货币和国际债券计价货币的发展已经具备一定规模，而人民币国际债券的官方发行、离岸人民币股票、跨境人民币基金、人民币对其他货币兑换交易的发展程度还较低，人民币入篮 SDR 和 SDR 债券，以及人民币计价大宗商品期货才刚刚起步，表现出不同人民币计价职能的发展进程存在较大差异。

具体地，本书的实证研究表明，目前人民币已成为 49 个经济体的隐性锚，随着"一带一路"倡议的深入实施，人民币汇率对上述大多数经济体

货币汇率的影响程度明显提升，人民币的锚货币职能不断增强。并且，伴随着境外企业对人民币资金需求的持续提升，跨境贸易人民币计价逐渐扩展至亚洲、欧洲、非洲、拉丁美洲和大洋洲等地区，跨境发行人民币债券的区域已覆盖中国香港地区、德国、新加坡、法国、澳大利亚等 24 个国家和地区。截至 2018 年底，各国和地区企业跨境发行的人民币债券数量达到 494 只，发行金额为 705 亿美元。

相比之下，官方部门跨境发行的人民币债券的数量和金额还很少，且在 2017 年后，企业发行规模出现了明显的下降趋势。离岸人民币股票市场仅包括中国香港地区和新加坡，前者共发行 2 只人民币计价股票，其中 1 只为人民币和港元同时计价的"双币双股"；后者则仅发行 1 只人民币计价股票，离岸人民币股票的市场规模较小。近年来，离岸人民币基金、QFII 基金和 RQFII 基金有所发展，但市场上的参与者很少，市场交易并不活跃。此外，人民币入篮 SDR 和 SDR 债券刚刚起步，人民币计价大宗商品期货虽然在原油期货交易上实现较大突破，但交易规模仍然较小，人民币计价的铁矿石期货和精对苯二甲酸期货也尚处于起步阶段，各种人民币计价的发展进程差距明显。

第三节　本章小结

本章系统分析了官方部门人民币计价和私人部门人民币计价的发展状况，并总结了人民币计价的特征和问题。研究发现主要如下。

在官方部门，人民币开始在锚货币、官方部门国际债券计价货币和 SDR 及 SDR 债券方面行使国际计价货币职能。具体地，基于修正的两步 Frankel-Wei 方法的估计结果显示，在全球 109 个经济体中，人民币对 49 个经济体发挥了货币锚效应，且对菲律宾比索、阿根廷比索、莫桑比克梅蒂卡尔和智利比索的影响程度均强于美元、欧元、英镑和日元。随着"一带一路"倡议的推进，人民币的货币锚效应有所提升，全球汇率影响力不断增强。此外，截至 2018 年底，共有 5 个经济体的政府、央行以及亚洲开发银行发行了人民币国际债券，随着人民币被纳入 SDR 货币篮子，中国银行间债券市场成功推出 SDR 债券，为人民币发挥官方部门计价货币职能开辟了新的发展路径。

在私人部门，人民币已在跨境贸易和金融交易领域充当计价货币。在跨境贸易计价方面，近年来使用人民币进行贸易计价的国家和地区已拓展至亚洲、欧洲、北美洲、拉丁美洲和大洋洲地区。在金融交易计价方面，人民币已在债券、股票、基金、期货和货币兑换交易领域发挥国际计价货币职能。其中，人民币债券的企业跨境发行取得了较大进展，企业发行规模呈现阶段性上升趋势，发行企业涵盖亚洲、欧洲、北美洲、非洲和大洋洲，包括德国、新加坡、法国等 24 个经济体。并且，离岸人民币股票在新加坡和中国香港地区成功发行，离岸人民币基金、QFII 基金和 RQFII 基金数量不断增加，人民币计价大宗商品期货交易正式启动，人民币对其他货币直接交易和区域交易规模有所扩大，有效促进了境外企业和非居民使用人民币计价产品。

然而，目前人民币计价存在多方面失衡问题，突出表现为官方部门人民币计价的发展程度普遍较低，私人部门人民币计价主要集中于亚洲地区，以及不同人民币计价职能的发展进程差距明显。

第四章　人民币成为其他经济体锚货币的影响因素

目前,官方部门人民币计价的发展程度普遍较低,人民币的货币锚效应作为官方部门人民币计价的主要内容,其在发展进程中存在的问题将严重影响和制约官方部门下人民币国际计价货币职能的发展。基于此,本章从官方部门出发,研究人民币成为其他经济体锚货币的影响因素。首先,从双边因素、第三方因素和全球因素三个层面分析人民币成为锚货币的作用机制;其次,充分考虑模型中可能存在的样本自选择问题,建立Heckman两阶段模型,对上述影响因素进行实证检验,以探究官方部门人民币计价问题的原因。

第一节　人民币成为锚货币的作用机制分析

现有研究表明,对于一种货币成为其他经济体的锚货币,无论是其他经济体选择锚定该货币,还是锚定该货币的权重,其作用渠道主要有两个:一个是贸易渠道,另一个是金融渠道。由于中国与其他经济体在国际贸易和金融交易中既是合作者,又是竞争者,还会受到全球冲击的影响,因此接下来分别从双边因素、第三方因素和全球因素三个层面梳理人民币发挥锚货币职能的作用渠道。

一、双边因素

经济体之间的贸易联系和金融联系一直是货币汇率政策产生溢出效应的重要渠道。具体而言，经济体间的贸易联系包括进出口贸易依存度和进出口商品价格导致的物价关联性，金融联系包括双边资本流动、货币政策相关性、资本账户开放程度和货币汇率市场化程度等。随着近年来中国与其他经济体贸易金融联系的逐渐增强，上述因素均可能导致人民币汇率政策对某一经济体汇率政策产生影响，表现出该经济体锚定人民币的现象。

具体地，从贸易联系看，首先，其他经济体与中国密切的贸易往来是人民币产生货币锚效应的重要渠道。近年来，中国对外进出口贸易持续提升，中国已成为周边经济体、"一带一路"沿线国家和主要发达经济体重要的最终品消费者和中间品贸易合作伙伴，双边贸易联系日益密切。其他经济体对中国的贸易依存度越高，意味着在双边贸易中，该经济体使用人民币进行贸易结算和计价的意愿越强，其央行对人民币汇率的变动就越敏感。为了稳定国内贸易环境，降低贸易成本，该经济体希望保持本币与人民币汇率的基本稳定，从而表现为人民币汇率政策对该经济体汇率政策产生较强的溢出效应。

其次，物价关联性也可能对人民币货币锚效应的发挥产生重要影响。当人民币汇率发生较大变化时，国内产品价格随之变动，并会引起中国对其他经济体出口商品价格的变化，进而使得该经济体的物价水平和货币汇率相应变动。因此，其他经济体对中国商品价格的敏感性越强，两个经济体所面临的商品价格冲击越相似，越有利于该经济体基于规避共同实际冲击的动机而钉住人民币，使人民币发挥货币锚效应。

从金融联系看，中国与其他经济体的双边资本流动、货币政策相关性等金融联系也会影响人民币成为该经济体的锚货币。就双边资本流动而言，近年来，中国与其他经济体之间的资本流动日益频繁，其中，中国资本可以通过对外直接投资、贸易信贷、对外援助、政府性投资合作基金和货币互换等方式进入其他经济体,境外资本也可以通过多种渠道流向中国境内。中国与锚定经济体之间的资本流动也包括人民币的跨境流动,双边资本流动的拓宽提升了人民币跨境流动的规模,使得跨境投资者使用人民币进行计价交易的相关成本下降,这将有利于人民币汇率政策产生溢出效应。

就货币政策相关性而言,尤其是其他经济体货币政策追随中国货币政策的行为也可能是人民币货币锚效应的重要影响渠道。已有研究表明,中国货币当局的存款基准利率和法定存款准备金率公告对其贸易关联国家的利率具有正向影响,且随着与上述经济体之间经贸往来的日益密切,中国货币政策的影响范围明显扩大,影响程度明显提升(黄宪和白德龙,2017)。根据利率平价理论和货币主义的汇率理论,两国之间汇率溢出关系与这两国利率关联性有着密切的联系,其他经济体货币政策追随中国的行为将有利于人民币汇率政策对其发挥影响力。

不仅如此,随着内地与香港"沪港通""深港通"和"债券通"等业务的开通,以及中国股票和债券进入全球主流相关指数,中国股市和债市开放使得境外资本进出愈加方便,能够参与套取人民币预期收益的国际资本规模也会越来越大(王有鑫等,2018),这为人民币汇率变动的跨市场传递提供了便利。并且,伴随着人民币汇率市场化改革的推进,人民币汇率中间价形成了"前一日收盘价+一篮子货币汇率+逆周期调节因子"的定价机制,人民币汇率更加反映市场供求关系,其对新信息的反应速度明显加快,反应程度明显增强。人民币汇率市场化改革大大增加了人民币汇率的信息含量,从而有利于增强人民币对其他货币汇率的影响程度。

二、第三方因素

除双边贸易和金融联系影响人民币货币锚效应之外,中国与其他经济体通过第三方建立起的贸易金融联系,尤其是都与第三方拥有较强且相似的贸易金融联系也会促使人民币汇率政策对该经济体货币汇率政策产生影响。目前,在全球交易网络中,中国和其他经济体都与第三方开展紧密的贸易合作,特别是对于欧美发达国家,双方均是其主要的中间品贸易供应商和加工贸易合作伙伴,双方在国际产业价值链分工和外贸结构上的相似性导致双方存在较强的贸易竞争关系。为了保持与第三方密切的贸易往来,与中国竞争激烈的其他经济体会通过将本币钉住人民币的方式保持本国贸易竞争力,从而使人民币汇率对该经济体货币汇率产生较大影响。

与此同时,中国也可能通过第三方与其他经济体建立较强的金融联系。在第二章分析得到的人民币发挥锚货币职能的 49 个经济体中,有 46 个经济体均为新兴经济体和发展中国家。中国与这些经济体的经济发展模式具有一定的相似性,这导致各经济体资产具有相似的投资收益和风险特征。第三方投资者会以这些具有共同特征的资产为基础进行资产配置和投资组合管理,从而引起具有共同特征的资产价格或收益的联动效应。当人民币汇率贬值导致人民币相关资产蒙受损失时,第三方大型投资者为了保持其投资组合的边际收益,会出售相同特征的另一种货币资产,从而使该货币汇率相应贬值(Arslanalp et al.,2016),从而导致人民币汇率政策对该经济体汇率政策产生溢出效应。

三、全球因素

人民币货币锚效应的发挥还可能受到全球因素的影响。在经济全球化和金融一体化背景下,在全球商品价格上涨时期,各经济体政府为了保障本地企业的贸易利益,会注重保持与主要国际货币汇率的基本稳定,从而导致其货币汇率受到来自主要国际货币汇率的较大影响,而受到人民币汇率的影响较小。

并且,在全球风险上升时期,各经济体货币汇率,尤其是新兴经济体货币汇率受到了来自发达经济体货币的强烈冲击,其政府或货币当局为了保障本地投资利益和经济稳定,会更加注重保持与主要国际货币汇率的基本稳定。因此,该时期各经济体也会增加对主要国际货币的锚定权重,从而不利于人民币发挥锚货币职能。

第二节　研究设计

一、Heckman 两阶段模型构建

根据第一节的分析,人民币能否成为某一经济体的锚货币可能会受到样本经济体对中国的贸易依存度、物价关联性、双边资本流动、货币政策相似性、中国资本账户开放和人民币汇率市场化改革等双边因素,第三方市场贸易竞争和第三方大型投资者等第三方因素,以及全球因素的影响。基于此,本书就上述影响因素进行实证检验。同时,在样本的选择问题上,根据第三章人民币货币锚效应的测算结果可知,目前人民币仅在一些经济体充当锚货币,其他经济体并未表现出锚定人民币的现象,如果将这些经济体剔除会形成自选择偏误,使估计结果产生较大偏差。Heckman 两阶段模型能够有效地克服样本自选择偏误,因此,采用 Heckman 两阶段模型对人民币成为锚货币的影响因素进行实证分析。

Heckman 模型的第一阶段为选择模型,考察影响各经济体选择人民币作为其锚货币的因素:

$$
\begin{aligned}
D(\text{Anchor}_{it}) = {} & v_0 + v_1 \text{Trade}_{it} + v_2 \text{Comcpi}_{it} + v_3 \text{Baf}_{it} \\
& + v_4 \text{Comrate}_{it} + v_5 \text{Cap}_t + v_6 \text{Reform}_t \\
& + v_7 \text{Tradex}_{ikt} + v_8 \text{Fx}_{ikt} + v_9 \text{Comm}_t \\
& + v_{10} \text{Vix}_t + \varepsilon_{it}
\end{aligned}
\tag{4-1}
$$

其中,被解释变量 $D(\text{Anchor}_{it})$ 为 t 时期 i 经济体是否选择人民币作为其锚货币,如果该经济体货币中锚定人民币的权重不为 0 则取 1,反之取 0。在解释变量中,双边因素包括 i 经济体对中国的贸易依存度(Trade_{it})、物价关联性(Comcpi_{it})、双边资本流动(Baf_{it})、货币政策相似性(Comrate_{it})、中国资本账户开放(Cap_t)和人民币汇率市场化改革(Reform_t);第三方因素包括 Tradex_{ikt} 和 Fx_{ikt},其中前者为第三方市场贸

易竞争,后者为第三方共同投资者;全球因素包括 $Comm_t$ 和 Vix_t,分别为全球商品价格指数和全球风险指数。v_j 和 ε_{it} 分别代表待估参数和误差项。

Heckman 模型的第二阶段为规模模型,考察确定锚定人民币的经济体后,影响经济体锚定人民币权重的因素：

$$
\begin{aligned}
Anchor_{it} = {} & v_0 + v_1 Trade_{it} + v_2 Comcpi_{it} + v_3 Baf_{it} \\
& + v_4 Comrate_{it} + v_5 Cap_t + v_6 Reform_t \\
& + v_7 Tradex_{ikt} + v_8 Fx_{ikt} + v_9 Comm_t \\
& + v_{10} Vix_t + \theta Mills_{it} + \varepsilon_{it}
\end{aligned} \tag{4-2}
$$

其中,$Anchor_{it}$ 为 t 时期 i 经济体货币中锚定人民币的权重,$Mills_{it}$ 为方程(4-1)估计得到的米尔斯比率,以此控制样本自选择带来的偏差问题,即米尔斯比率包含了方程(4-1)中不可观测的信息,将其代入方程(4-2)将修正方程中存在的样本偏差。同时,为避免模型中的内生性问题,借鉴王涛和袁牧歌(2019)的做法,方程中的所有解释变量均采取滞后一期处理,并加入年份固定效应,以控制这些因素的波动产生的潜在影响。

二、样本选取和数据说明

在样本选取上,采用可获取上述数据的全球 108 个经济体为研究样本,其中,由第三章测算结果得到,有 49 个经济体选择锚定人民币,其他经济体并未表现出锚定人民币的现象。考虑到其中部分经济体的相关数据存在缺失,使用的数据为非平衡面板数据。采用的样本区间为 2001—2018 年的年度数据。上述各变量选取和数据说明如表 4-1 所示。

表 4-1　人民币发挥锚货币职能的经济计量模型选取的变量和数据说明

变量	计算方法	参考来源	数据来源
$Trade_{it}$	中国与样本经济体进出口占该经济体进出口总额的比重	Duval 等(2016)	联合国商品贸易统计(UN Comtrade)数据库、世界银行世界发展指标(WB WDI)数据库
$Comcpi_{it}$	中国与样本经济体居民消费价格指数(CPI)的皮尔逊相关系数[①].CPI 以 2010 年为基期	Subramanian 和 Kessler (2013)	国际货币基金组织国际金融统计(IMF IFS)数据库

续表

变量	计算方法	参考来源	数据来源
Baf_{it}	中国与样本经济体的资本流动倾向[②]	Imbs(2004)	WB WDI
$Comrate_{it}$	中国与样本经济体 3 个月银行间同业拆借实际利率的皮尔逊相关系数[③]	Viren(2002)、金春雨和吴安兵(2017)	Thomson Reuters
Cap_t	使用实际资本账户开放程度,以中国资本项下包括直接投资、证券投资和其他投资在内的跨境资本流入流出之和除以 GDP(国家/地区生产总值)衡量	Lane 和 Milesi-Ferretti (2007)	IMF、WB WDI
$Reform_t$	2001—2004 年和 2008—2010 年赋值为 1[④],2005—2007 年和 2011—2014 年赋值为 2,2015—2017 年赋值为 3		
$Tradex_{ikt}$	中国与样本经济体出口相似度指数(ESI)[⑤]	Glick 和 Rose(1999)	UN Comtrade
Fx_{ikt}	中国与样本经济体投资者相似度指数(ISI)[⑥]	Arslanalp 等(2016)	国际货币基金组织协调证券投资调查(IMF CPIS)、WB WDI
$Comm_t$	美国轻质原油即期价格变动率		Thomson Rueters
Vix_t	芝加哥期权交易所波动率指数变动率		Thomson Rueters

注:①年度相关系数由该年月度 CPI 数据计算而得。

②由于无法获取中国与其他国家(地区)的双边资本流动数据,采用双边资本流动倾向进行衡量,计算公式为中国境外净资产占名义 GDP 的比重减去样本经济体相应比重的绝对值,该值越大,说明双边资本流动倾向越大。

③年度相关系数由该年月度实际利率数据计算而得,其中实际利率由名义利率减去当期 CPI 得到。

④2008 年 6 月至 2010 年 6 月期间,人民币兑美元汇率基本保持固定,因此,受于泽等(2015)的启发,将 2008—2010 年赋值为 1。

⑤ $ESI_{cil} = \left\{ \sum_g \left[\left(\frac{X_{ck}^g / X_{ck} + X_{ik}^g / X_{ik}}{2} \right) \times \left(1 - \left| \frac{X_{ck}^g / X_{ck} - X_{ik}^g / X_{ik}}{X_{ck}^g / X_{ck} - X_{ik}^g / X_{ik}} \right| \right) \right] \right\} \times 100$,

其中, X_{ck}^g 和 X_{ik}^g 分别为中国 c 和样本经济体 i 向 k 市场出口 g 产品的附加值,ESI 越大,说明中国与样本经济体的贸易竞争越明显。

⑥ $ESI_{ckl} = \sum_{k=1}^{7} \left[\min(F_{kc}, F_{ki}) / GDP_k \right]$,其中, F_{kc} 和 F_{ki} 分别为第三方 k 对中国 c 和样本经济体 i 的证券投资,ESI 越大,说明其他经济体越有可能对中国和样本经济体的资产进行投资组合管理。由于无法获取其他所有经济体对中国和样本经济体的证券投资数据,采用可获得的 G7 国家数据进行替代。

第三节　人民币成为锚货币影响因素的实证检验

一、人民币成为锚货币影响因素的估计结果与分析

（一）面板单位根检验和相关系数矩阵

根据现有研究的做法，使用针对非平衡面板和短面板样本的 Fisher-ADF 单位根检验方法，对所有变量的平稳性进行考察，结果得到，所有变量均在 1% 显著水平上拒绝存在单位根的原假设，即均为平稳变量。进一步考察各变量之间的相关系数矩阵发现，除 Cap_t 与 $Reform_t$、Cap_t 与 $Comm_t$ 之间的相关系数绝对值大于 0.5 以外，其他变量之间的相关系数绝对值均小于 0.5，进一步对回归方程中各变量的方差膨胀因子（VIF）进行考察，得到所有变量的 VIF 值均小于 10，因此可以基本排除存在严重的多重共线性问题。

（二）估计结果与分析

表 4-2 给出了 Heckman 两阶段模型的估计结果。为说明本书有效克服了样本自选择问题及采用 Heckman 两阶段模型的合理性，同时使用传统的最小二乘方法（OLS）估计作为对照。其中，模型（1）和模型（2）为 OLS 回归结果，模型（2）加入了固定效应；模型（3）采用了 Heckman 两阶段模型进行回归，模型（4）进一步加入固定效应。可以看出，首先，对于未考虑样本自选择问题的 OLS 回归，无论是否加入固定效应，变量的符号和显著性与模型（4）均具有一定差异，并且，模型（3）和模型（4）的逆米尔斯比率均显著，说明本书使用的样本存在自选择偏误，选择 Heckman 两阶段模型具有合理性。其次，对于采用 Heckman 两阶段模型估计的模型（3）和模型（4），所有变量的系数基本一致，且模型（4）的变量系数显著性更强，表明实证回归结果基本稳健，下面将对模型（4）展开分析。

表 4-2　人民币成为锚货币的影响因素估计结果

变量	(1)	(2)	(3)		(4)	
	OLS	OLS-固定效应	Heckman-选择模型	Heckman-规模模型	Heckman-选择模型	Heckman-规模模型
$Trade_{it}$	0.377 (0.552)	−0.049 (−0.059)	4.786** (2.185)	1.271 (1.403)	4.824** (2.192)	1.078 (1.235)
$Comcpi_{it}$	0.114 (0.749)	−0.024 (−0.111)	0.174** (1.967)	0.163 (0.980)	0.117 (0.819)	0.026 (0.113)
Baf_{it}	−0.359 (−1.472)	−0.452** (−1.991)	−0.146 (−0.312)	−0.509* (−1.719)	−0.133 (−0.280)	−0.542* (−1.847)
$Comrate_{it}$	−0.185 (−1.299)	−0.194 (−1.403)	0.019 (0.298)	−0.221 (−1.530)	0.017 (0.259)	−0.211 (−1.556)
Cap_t	0.112*** (5.140)	0.336*** (4.909)	0.005 (0.761)	0.120*** (5.766)	0.014 (1.219)	0.343*** (5.302)
$Reform_t$	−0.194 (−1.547)	−4.368*** (−3.475)	0.000 (0.002)	−0.231* (−1.960)	−0.150 (−0.642)	−4.410*** (−3.732)
$Tradex_{ikt}$	0.194 (0.517)	0.131 (0.378)	0.351 (1.013)	0.268 (0.746)	0.342 (0.978)	0.252 (0.692)
Fx_{ikt}	0.149 (1.318)	0.049 (0.400)	0.170** (2.306)	0.072 (0.517)	0.174** (2.311)	0.018 (0.136)
$Comm_t$	−0.039** (−2.323)	−1.675*** (−2.618)	0.009* (1.891)	−0.032* (−1.918)	0.006 (0.039)	−1.664*** (−2.726)
Vix_t	−0.002 (−1.122)	−0.033** (−2.285)	−0.001 (−1.111)	−0.003 (−1.353)	0.001 (0.530)	−0.033** (−2.351)
固定效应	No	Yes	No	No	Yes	Yes
常数项	−8.751*** (−7.751)	−6.556** (−2.230)	−0.733** (−2.474)	−9.661*** (−8.733)	−0.842 (−1.281)	−7.447** (−2.512)
R^2	0.208	0.295	—	—		
$Mills_{it}$	—	—	0.333* (1.669)	0.367* (1.657)		
N	435	435	1170	1170		

注：***、**、*分别表示在1%、5%、10%的显著水平上显著。

　　由模型(4)可看出，与大多数已有研究得到的结果不同，Heckman 两阶段模型估计的结果表明，双边因素、第三方因素和全球因素对经济体选择锚定人民币以及锚定人民币权重的影响方向和显著性存在差异，不能一概而论。接下来本书就选择模型和规模模型的各变量表现分别进行分析。

在选择锚定人民币方面,在双边因素中,$Trade_{it}$ 的影响系数显著,且符号为正。这一方面说明样本经济体对中国的贸易依存度越高,在国际分工体系下对中国的国际产业价值链的依赖程度越高,越容易处于"人民币区"的辐射范围;另一方面也反映出中国企业不断扩展国际市场,提升其产业链的建设能力,逐渐形成中国企业主导的区域生产网络和价值链体系对提升人民币成为锚货币具有重要的推动作用。$Comcpi_{it}$ 的影响系数为正,且不显著,表明价格因素并不是各经济体选择锚定人民币的关键因素。这主要是因为价格渠道主要通过中国出口商品将物价传递至沿线经济体的物价和货币汇率,因此,双边的物价关联性会对中国出口规模较大的经济体发生影响。而在样本经济体中,大多数经济体并不是中国主要的进口贸易方,这导致样本经济体对中国商品价格的敏感性较低,进而价格因素并不发挥重要影响。Baf_{it}、$Comrate_{it}$ 和 Cap_t 的影响系数也不显著,意味着这些因素也不是样本经济体选择锚定人民币的主要因素。其原因主要是近年来中国与样本经济体之间的资本流动并不强。目前中国的资本来源方和资本输出方普遍以发达经济体为主,对于大多数新兴经济体,其与中国的双边资本流动规模普遍较小[①],还无法充当样本经济体选择锚定人民币的重要渠道。并且,中国和上述经济体有限的资本流动也不利于利率的跨境传导,这使得货币政策传导渠道大打折扣。另外,资本流动规模不足的事实也使得资本账户开放难以发挥重要影响,无法成为其他经济体选择锚定人民币的主要考量。此外,$Reform_t$ 的影响系数为负,且不显著,该结果与预期方向相反,但与上一章使用修正的两步Frankel-Wei 方法得到的估计结果一致,即人民币汇率市场化改革在提高人民币汇率定价效力的同时,还使其受到了来自其他经济体货币汇率更强的冲击,从而不利于其他经济体选择人民币作为锚定货币。在第三方因素中,$Tradex_{ikt}$ 的影响系数不显著,表明中国与样本经济体在第三方

[①] IMF 和中国商务部公布的数据显示,2003—2018 年,除中国香港地区拥有较大的直接投资规模外,中国对新兴经济体和发展中国家的直接投资流量占中国对外直接投资总量的比重最大仅为15.89%,2018 年中国对样本经济体证券投资的比重(有统计数据的)则不足 20%。

市场的贸易竞争不是样本经济体选择锚定人民币的关键因素,样本经济体通过将本币钉住人民币的方式保持本国贸易竞争力的动机并不强。Fx_{ikt} 的影响系数显著为正,说明中国与样本经济体通过第三方建立的金融联系将有效推动人民币成为该经济体的锚货币。在全球因素中,$Comm_t$ 和 Vix_t 的影响不显著,表明以全球商品价格指数和全球风险指数反映的全球因素并不是样本经济体选择锚定人民币的关键影响因素。

在锚定人民币权重方面,值得注意的是,各变量的系数和显著性与选择锚定人民币中的系数有较大差别。具体而言,在双边因素中,$Trade_{it}$ 的影响系数为正,但并不显著,说明在选择锚定人民币的经济体中,该经济体对中国的贸易依存度将不再成为其参考人民币权重的主要决定因素。这与 Eichengreen 和 Lombardi(2017)的研究结论一致,反映出在人民币锚定权重方面,贸易因素的影响较为有限。$Comcpi_{it}$ 和 $Comrate_{it}$ 的影响系数仍然不显著,表明物价关联性和货币政策相似性也不是影响经济体锚定人民币权重的关键因素。Baf_{it} 的影响系数显著为负,这进一步表明,在选择锚定人民币的经济体中,中国与锚定经济体的双边资本流动越强,该经济体锚定人民币的权重越低。Cap_t 和 $Reform_t$ 的影响系数均显著,其中前者的影响为正,说明在选择锚定人民币的经济体中,中国资本账户开放能够有效提升其他经济体投资人民币相关资产的意愿,从而为该经济体提升人民币在其货币篮子中的权重产生推动作用;后者的影响为负,意味着人民币汇率市场化改革并不利于人民币发挥货币锚效应,这主要是因为人民币汇率市场化改革在提高人民币汇率定价效力的同时,还使其受到了来自样本经济体货币汇率更强的冲击,从而导致人民币的影响力下降。这说明在推进人民币汇率市场化改革的同时,还需加强人民币汇率的外部风险防范工作,规避和减少来自其他经济体货币汇率变动的冲击,使人民币汇率市场化与人民币国际化协调并进。在第三方因素中,$Tradex_{ikt}$ 和 Fx_{ikt} 的影响系数不显著,表明这些因素不是样本经济体锚定人民币权重的关键因素。而全球因素 $Comm_t$ 和 Vix_t 的影响显著为负,表明全球商品价格指数和全球风险指数对人民币在样本经济体发挥锚货币职能具有显著的抑制作用。即在全球经济形势好转和全球风险上升时期,样本经济体政府或货币当局更加关注主要国际货币走势,致使人民币的锚定权重下降。这也从侧面反映出目前尚未形成稳定的"人民币区",人民币货币锚效应的发挥受到了全球因素的冲击。

综上所述,各经济体选择锚定人民币和锚定人民币权重的影响因素存在差异。其中,双边因素和第三方因素是各经济体选择锚定人民币的主要影响因素,样本经济体对中国贸易附加值的依存度越高,中国与样本经济体通过第三方建立的金融联系越强,越有利于各经济体选择人民币作为锚货币。在锚定人民币的经济体中,第三方因素不再显著,双边因素和全球因素成为经济体提升锚定人民币权重的主要推动力量。并且,中国资本账户开放有利于提升锚定人民币的权重,而双边资本流动、人民币汇率市场化改革、全球商品价格指数和全球风险价格指数均不利于人民币锚定权重的提升。

二、异质性分析:不同区域的讨论

由第三章人民币货币锚效应的测算结果可知,人民币在不同地区充当锚货币的经济体数量和影响程度具有明显差别,这可能导致不同地区经济体在选择锚定人民币和锚定人民币权重上具有异质性。基于此,本节将全球 108 个经济体按照区域进行划分,分别考察人民币在亚洲、非洲、拉丁美洲、欧洲和大洋洲地区充当锚货币的影响因素[①]。

表 4-3 给出了人民币在各地区经济体充当锚货币的影响因素估计结果。可以看出,不同地区经济体回归结果的符号和显著性存在较大差别,反映出各地区经济体在锚定人民币选择和权重方面的影响因素具有较强的异质性,具体分析如下。

---

① 本书也考虑了发达经济体和发展中经济体使用人民币作为锚货币的异质性,但由于本书采用的 108 个经济体中仅包括 6 个发达经济体,且其中部分经济体的数据存在缺失,其样本量不满足面板数据回归的要求,无法估计出回归结果,因此本书尚未对不同经济发展水平经济体的异质性进行考察。

表 4-3　人民币成为各地区经济体锚货币的影响因素估计结果

变量	(1) 亚洲	(2) 非洲	(3) 拉丁美洲	(4) 欧洲	(5) 大洋洲
A. 选择模型					
$Trade_{it}$	5.842*** (3.787)	4.092* (2.022)	−83.826 (−1.327)	−0.460 (−0.064)	171.950*** (2.878)
$Comcpi_{it}$	0.064 (0.455)	0.201 (1.434)	−0.332 (−0.794)	0.318 (1.017)	1.357** (2.354)
Baf_{it}	−0.987 (−1.175)	−0.457 (−0.833)	0.563 (0.797)	−0.008 (−0.009)	8.577* (1.818)
$Comrate_{it}$	0.060 (0.518)	0.072 (0.644)	0.214* (1.870)	−0.249 (−1.047)	−0.967* (−1.832)
Cap_{t}	0.003 (0.163)	0.004 (0.234)	0.011 (0.321)	−0.041 (−0.341)	0.037 (0.505)
$Reform_{t}$	−0.066 (−0.424)	−0.086 (−0.541)	−0.048 (−0.055)	0.172 (0.071)	−0.583 (−0.823)
$Tradex_{ikt}$	0.004 (0.022)	0.137 (0.720)	0.894 (0.918)	4.235*** (4.763)	−1.110 (−0.847)
Fx_{ikt}	0.243** (2.438)	0.503** (2.133)	0.117* (1.737)	0.089 (0.479)	1.348*** (2.696)
$Comm_{t}$	−0.019 (−1.053)	−0.002 (−0.097)	0.046 (0.085)	−0.626 (−0.510)	0.180* (1.667)
Vix_{t}	−0.001 (−0.406)	−0.001 (−0.507)	0.005 (0.576)	0.010 (0.390)	−0.020* (−1.826)
固定效应	Yes	Yes	Yes	Yes	Yes
常数项	−0.287 (−0.380)	−0.303 (−0.386)	−0.639 (−0.282)	2.737 (0.610)	−7.379** (−2.206)
B. 规模模型					
$Trade_{it}$	3.788 (1.196)	2.496 (0.189)	96.896 (1.433)	22.752 (0.404)	345.339 (0.766)
$Comcpi_{it}$	0.319 (1.067)	0.020 (0.060)	1.491*** (2.884)	0.102 (0.076)	3.801 (0.532)
Baf_{it}	−0.758 (−0.489)	−0.563 (−0.432)	0.331 (0.942)	−3.379 (−1.479)	9.743 (0.220)
$Comrate_{it}$	−0.114 (−0.486)	−0.117 (−0.458)	−0.001 (−0.003)	−0.480 (−0.408)	0.522 (0.164)

续表

变量	(1)	(2)	(3)	(4)	(5)
	亚洲	非洲	拉丁美洲	欧洲	大洋洲
Cap_t	0.107 *** (2.974)	0.125 *** (3.446)	0.215 (1.564)	0.470 ** (2.196)	−0.138 (−0.373)
$Reform_t$	−0.357 (−1.018)	−0.173 (−0.513)	−0.540 (−0.273)	−6.235 ** (−2.286)	2.104 (0.536)
$Tradex_{ikt}$	0.013 (0.022)	0.278 (0.655)	−1.578 (−1.216)	−5.428 (−0.277)	−5.050 (−0.557)
Fx_{ikt}	0.062 (0.213)	0.220 (0.258)	0.197 (0.743)	0.439 (0.650)	0.392 (0.128)
$Comm_t$	−0.028 (−0.642)	−0.043 (−0.993)	1.204 (1.395)	−2.017 (−0.600)	0.227 (0.301)
Vix_t	−0.003 (−0.565)	−0.007 (−1.633)	0.016 (0.697)	−0.053 (−1.147)	−0.028 (−0.382)
固定效应	Yes	Yes	Yes	Yes	Yes
常数项	−9.979 *** (−4.621)	−8.017 *** (−4.595)	−16.453 *** (−2.692)	−8.079 (−0.886)	−16.666 (−0.613)

注: *** 、 ** 、 * 分别表示在1%、5%、10%的显著水平上显著。

对于亚洲和非洲经济体,在选择锚定人民币方面,回归结果的符号和显著性与全样本回归一致,即上述经济体对中国的贸易依存度越强,中国与样本经济体通过第三方建立的金融联系越强,越有利于亚洲和非洲经济体选择锚定人民币。在锚定人民币的亚洲和非洲经济体中,Cap_t 的影响系数均显著为正,表明中国资本账户的开放程度越高,越有利于上述经济体提升锚定人民币的权重。这进一步表明,中国资本账户开放将显著提升亚洲和非洲经济体投资人民币相关资产的意愿,增强人民币汇率的市场信息传递,从而为人民币在当地发挥锚货币职能提供强劲支撑。

对于拉丁美洲经济体,在选择锚定人民币方面,$Trade_{it}$ 的影响系数不再显著,表明上述经济体与中国的贸易联系并不是其选择锚定人民币的主要影响因素,其选择锚定人民币主要受到双边货币政策相似性

（Comrate$_{it}$）和第三方共同投资者（Fx$_{ikt}$）的影响，且中国与上述经济体的货币政策相似性和第三方共同投资者均有利于经济体选择锚定人民币。在锚定人民币权重方面，Comcpi$_{it}$的影响系数显著为正，表明价格因素是拉丁美洲经济体锚定人民币锚定权重的主要影响因素，双边物价关联性越强，越有利于人民币锚定权重的提升。

对于欧洲经济体，其选择锚定人民币主要受到第三方市场贸易竞争（Tradex$_{ikt}$）的影响。近年来，随着中国与其他经济体贸易联系的不断增强，中国与欧洲经济体在第三方市场的贸易竞争程度逐渐提升，中国已成为欧洲经济体在拉丁美洲和非洲等地区的主要贸易竞争对手，从而使欧洲经济体通过将本币钉住人民币的方式保持本国贸易竞争力的动机强烈。在锚定人民币的欧洲经济体中，Cap$_t$的影响显著为正，反映出中国资本账户开放有利于欧洲经济体提升锚定人民币的权重。Reform$_t$的影响系数显著为负，表明人民币汇率市场化改革对人民币发挥货币锚效应具有显著的负向影响。该结果与预期方向相反，但与前文的分析结果一致，表明人民币汇率市场化改革在提高人民币汇率定价效力的同时，还使其受到了来自欧洲经济体货币汇率更强的冲击，从而导致人民币的影响力下降。这说明在推进人民币汇率市场化改革的同时，还需加强人民币汇率的外部风险防范工作，规避和减少来自欧洲经济体货币汇率变动的冲击，使人民币汇率市场化与人民币国际化协调并进。

对于大洋洲经济体，在选择锚定人民币方面，双边因素、第三方因素和全球因素均是其选择锚定人民币的主要影响因素。其中，Trade$_{it}$、Comcpi$_{it}$、Baf$_{it}$和Fx$_{ikt}$的影响系数显著为正，意味着上述经济体对中国的贸易依存度越强，双边物价关联性越高，双边资本流动性越强，以及通过第三方建立的金融联系越强，越有利于大洋洲经济体选择锚定人民币。而双边货币政策相似性（Comrate$_{it}$）和全球风险指数（Vix$_t$）均对其选择锚定人民币具有显著的抑制作用。然而，在锚定人民币的大洋洲经济体中，考察的影响因素均未显著，这可能是目前锚定人民币的大洋洲经济体还很少导致的。因此，推动更多的大洋洲经济体选择锚定人民币仍然十分重要，这就需要增强中国与大洋洲经济体的贸易金融联系，推动人民币在当地发挥锚货币职能。

第四节　本章小结

本章从官方部门出发，考察了人民币成为锚货币的影响因素。首先，从双边因素、第三方因素和全球因素三个层面深入研究了人民币成为锚货币的作用渠道，然后，基于 108 个经济体的跨境面板数据，采用 Heckman 两阶段模型，实证检验各经济体选择锚定人民币和锚定人民币权重的影响因素，以及不同地区经济体的异质性。主要结论如下。

在影响机制方面，双边因素、第三方因素和全球因素均可能对人民币成为锚货币产生重要影响。就双边因素而言，样本经济体对中国的贸易依存度、物价关联性、双边资本流动、货币政策相似性、中国资本账户开放和人民币汇率市场化改革极大地提升了中国与其他经济体之间的贸易金融联系，从而有利于人民币成为该经济体的锚货币；就第三方因素而言，中国与其他经济体通过第三方市场贸易竞争和第三方大型投资者建立的贸易金融联系，尤其是都与第三方拥有较强且相似的贸易金融联系，也会增强人民币锚货币职能的发挥；就全球因素而言，在全球商品价格上涨和全球风险上升时期，其他经济体会更加注重保持与主要国际货币汇率的基本稳定，从而不利于人民币发挥锚货币职能。

在实证分析方面，各经济体选择锚定人民币和锚定人民币权重的影响因素并不相同。在选择锚定人民币方面，其他经济体主要基于双边因素和第三方因素选择是否锚定人民币，该经济体对中国贸易附加值的依存度越高，中国与该经济体通过第三方建立的金融联系越强，人民币成为该经济体锚货币的可能性越大。在锚定人民币权重方面，双边因素和全球因素是其他经济体锚定人民币权重的主要影响因素。其中，中国资本账户开放对锚定人民币权重有正向影响，而双边资本流动、人民币汇率市场化改革、全球商品价格指数和全球风险价格指数均对锚定人民币权重有负向影响。进一步考察不同地区经济体锚定人民币的影响因素得到，亚洲、非洲、拉丁美洲、欧洲和大洋洲经济体在锚定人民币的选择和权重方面具有较强的异质性，相关部门需因地制宜地推动人民币在当地发挥锚货币职能。

第五章 人民币成为跨境贸易和金融交易计价货币的影响因素

本章从私人部门出发,考察人民币作为跨境贸易计价货币和金融交易计价货币的影响因素,以探求私人部门人民币计价存在问题的原因。在跨境贸易计价方面,首先理论分析人民币充当跨境贸易计价货币的作用机制;其次,基于跨境面板数据,实证检验跨境贸易人民币计价的影响因素。在金融交易计价方面,考虑到人民币国际债券是金融交易人民币计价的主要表现形式和数据可得性,使用汤森路透提供的全球企业债券发行数据,对境内企业和境外企业跨境发行人民币债券的影响因素进行机制分析和实证检验。

第一节 跨境贸易人民币计价的影响因素

一、人民币充当跨境贸易计价货币的理论分析

在国际贸易中,可供选择的计价货币包括进口方货币、出口方货币和第三方货币。长期以来,美元、欧元、日元等国际货币是各经济体对外贸易的主要计价货币。然而,随着中国在国际经济贸易中的地位日益凸显,以及人民币国际化进程的不断推进,人民币逐渐运用于跨境贸易计价,成为其他国家和地区对外贸易计价货币的又一选择。与美元、欧元、日元等主要国际货币相比,人民币发挥跨境贸易计价货币职能既有一般性,也有

特殊性。从一般性来看，跨境贸易人民币计价遵循市场逻辑，会受到经济规模、贸易市场份额、产品异质性、汇率波动和金融市场发展等市场因素的激励与约束。从特殊性来看，跨境贸易人民币计价在资本账户尚未完全开放、人民币汇率和利率市场化机制尚待完善等特殊背景下发展而来，在存在先天"制度缺失"的情况下（Liao and McDowell，2015），中国政府积极与其他国家和地区签订自由贸易协定（Free Trade Agreement，FTA）和货币互换协议（Currency Swap Agreement，CSA），并大力推动边境贸易人民币计价向周边国家和地区延伸，改善了对外贸易制度环境，为跨境贸易人民币计价的发展提供了强劲的政策支撑。因此，跨境贸易人民币计价不仅是市场因素驱动的结果，还得益于特定环境下，中国政府政策措施的有力推动。接下来，分别从影响跨境贸易人民币计价的一般因素和特定因素进行理论分析，为进一步推动人民币发挥跨境贸易计价货币职能提供学理支持。

（一）跨境贸易人民币计价的一般驱动因素

从市场竞争角度看，经济实力、对外贸易市场份额、产品异质性、基本稳定的人民币汇率和金融市场发展是跨境贸易人民币计价的重要影响因素。

中国强劲的经济实力有利于人民币作为跨境贸易计价货币。国内经济实力越雄厚，其赎回本国货币并转化为产品和服务的潜能越大，越容易向境外交易者传递稳定的信号，吸引更多的跨境贸易主体选择该国货币计价（Krugman，1984）。因此，中国经济实力的提升将增强境内企业在国际市场上的竞争能力和谈判能力，并提高境外企业持有人民币的信心，推动人民币发挥跨境贸易计价货币职能。同时，贸易伙伴经济实力的增强则会提升其境内企业的竞争能力，带动其对外贸易使用本币计价，从而不利于使用人民币计价。

不断扩大的对外贸易市场份额将推动跨境贸易人民币计价发展。根据货币搜寻匹配理论，中国在其贸易伙伴的贸易市场中份额越高，境内企业在贸易谈判中越容易处于优势地位，越有助于人民币成为跨境贸易计价货币。同时，中国贸易市场份额的上升也将增强贸易伙伴选择人民币计价的意愿，使以人民币计价的可能性较大。

产品异质性反映了企业的比较优势，对跨境贸易人民币计价具有重要影响。国际贸易计价货币的选择也是一种博弈，会受到企业比较优势的约束(Goldberg and Tille,2016)。当一方企业的产品差异化程度相对较低时，该企业并不具备比较优势，将面临较大的谈判压力，容易失去选择本币作为跨境贸易计价货币的优先权。而中国企业产品异质性的提升将有助于该企业掌握谈判主动权，并采用人民币进行跨境贸易计价。

基本稳定的人民币汇率和发达的金融市场将推动跨境贸易人民币计价。稳定的货币汇率将降低企业开展跨境贸易的交易成本，有利于企业采用该货币进行跨境贸易计价(Lai and Yu,2015)。近年来，人民币汇率保持基本稳定态势，与美元、欧元等主要国际货币相比，人民币汇率的波动程度明显较低，这为更多企业采用人民币作为跨境贸易计价货币提供了有利条件。此外，金融市场发展程度也对跨境贸易人民币计价具有重要影响，其将为企业进行贸易融资提供便利，降低使用人民币的交易成本，进而吸引企业采用人民币跨境贸易计价。

(二)跨境贸易人民币计价的特定驱动因素

从信息经济学角度来看，制度环境的改善将为本币使用传递积极信号，降低货币搜寻成本，促进理性的境外贸易主体采用该货币计价。新制度经济学也认为，企业的比较优势也源于制度环境的差异。近年来，中国政府积极参与签订 FTA 和 CSA，大力推动了边境贸易人民币计价发展，为人民币行使跨境贸易计价货币职能提供了制度支持。

从签订 FTA 来看，一方面，中国与贸易伙伴签订 FTA 有助于弱化中国企业的谈判劣势，降低交易的不确定性和货币交易成本，从而推动跨境贸易人民币计价；另一方面，FTA 的签订也为贸易伙伴提供了良好的市场交易环境，激励该经济体企业选择人民币作为跨境贸易计价货币，并减少使用美元、欧元等主要国际货币计价。并且，FTA 作为中国政府主动参与的一项区域政策安排，能够改善跨境贸易人民币计价的内部制度支撑条件，为人民币提供更加安全、便捷、畅通的市场交易环境(邓富华和霍伟东,2017)，进而扩大跨境贸易人民币计价规模。

　　从签订 CSA 来看,CSA 的签订和实施推动了人民币海外输出,刺激了境外企业人民币需求,为企业使用人民币进行跨境贸易计价提供了可能。并且,签订 CSA 将降低人民币汇率的不确定性风险,增强成员企业对人民币币值稳定的信心;并将降低人民币计价的交易成本,逐渐产生人民币计价的网络外部效应,从而提升境外企业在跨境贸易中使用人民币计价的份额。

　　从推动边境贸易来看,在跨境贸易人民币计价的发展初期,中国政府采取了诸多便利边境贸易人民币计价和人民币兑换交易的政策措施,有效地推动了边境贸易人民币计价的发展,为人民币计价向周边和其他地区拓展提供了条件。目前,中国边境贸易使用人民币计价的比例仍然较高,边境地区凭借着地缘优势和与中国企业形成的优势互补,强化了贸易关联,进而推动了人民币跨境贸易计价货币职能的发挥。

二、模型设定和数据说明

(一)计量模型设定

　　跨境贸易计价货币的选择与贸易的决定具有一定的相似性,容易受到双方经济规模、地理距离等引力变量的影响(Krugman,1984；Wilander,2004；邓富华和霍伟东,2017),适合采用引力模型进行分析。因此,基于理论分析归纳得到的影响因素,构建扩展引力模型,对驱动跨境贸易人民币计价的因素进行考察,基准模型如下:

$$\begin{aligned} cnyex_{it} = &\beta_0 + \beta_1 cgdp_t + \beta_2 dgdp_{it} + \beta_3 dist_i + \beta_4 exshare_{it} \\ &+ \beta_5 rel_{it} + \beta_6 vol_{it} + \beta_7 fm_{it} + \beta_8 fta_{it} + \beta_9 csa_{it} \\ &+ \beta_{10} cont_i + \varepsilon_{it} \end{aligned} \tag{5-1}$$

$$\begin{aligned} cnyim_{it} = &\beta_0 + \beta_1 cgdp_t + \beta_2 dgdp_{it} + \beta_3 dist_i + \beta_4 imshare_{it} \\ &+ \beta_5 rel_{it} + \beta_6 vol_{it} + \beta_7 fm_{it} + \beta_8 fta_{it} + \beta_9 csa_{it} \\ &+ \beta_{10} cont_i + \varepsilon_{it} \end{aligned} \tag{5-2}$$

其中,被解释变量 $cnyex_{it}$ 和 $cnyim_{it}$ 分别为 t 时期 i 经济体的出口和进口中使用人民币计价的比重。解释变量中,$cgdp_t$、$dgdp_{it}$ 和 $dist_i$ 为传统引力变量，分别表示中国经济实力、i 经济体经济实力和中国与 i 经济体的地理距离，$\mathrm{exshare}_{it}$ 和 $\mathrm{imshare}_{it}$ 分别为中国在 i 经济体的出口份额和进口份额，rel_{it}、vol_{it} 和 fm_{it} 分别为中国相对于 i 经济体的产品差异性、人民币兑 i 经济体货币汇率波动性和中国相对于 i 经济体的金融市场深度，fta_{it} 和 csa_{it} 分别表示中国与 i 经济体签订并实施 FTA 和 CSA 情况，cont_i 为边境贸易地理因素，ε_{it} 为误差项。

此外，考虑到国际贸易计价货币的选择具有较强的惯性（Goldberg，2005；Ito and Chin，2014），一旦人民币用于贸易计价，企业将有动力继续使用人民币进行跨境贸易计价。因此，进一步将模型扩展为动态形式：

$$\begin{aligned}
\mathrm{cnyex}_{it} = {} & \beta_0 + \beta_1 \mathrm{cnyex}_{it-1} + \beta_2 \mathrm{cgdp}_t + \beta_3 \mathrm{dgdp}_{it} + \beta_4 \mathrm{dist}_i \\
& + \beta_5 \mathrm{exshare}_{it} + \beta_6 \mathrm{rel}_{it} + \beta_7 \mathrm{vol}_{it} + \beta_8 \mathrm{fm}_{it} + \beta_9 \mathrm{fta}_{it} \\
& + \beta_{10} \mathrm{csa}_{it} + \beta_{11} \mathrm{cont}_i + \varepsilon_{it} \tag{5-3}
\end{aligned}$$

$$\begin{aligned}
\mathrm{cnyim}_{it} = {} & \beta_0 + \beta_1 \mathrm{cnyim}_{it-1} + \beta_2 \mathrm{cgdp}_t + \beta_3 \mathrm{dgdp}_{it} + \beta_4 \mathrm{dist}_i \\
& + \beta_5 \mathrm{imshare}_{it} + \beta_6 \mathrm{rel}_{it} + \beta_7 \mathrm{vol}_{it} + \beta_8 \mathrm{fm}_{it} + \beta_9 \mathrm{fta}_{it} \\
& + \beta_{10} \mathrm{csa}_{it} + \beta_{11} \mathrm{cont}_i + \varepsilon_{it} \tag{5-4}
\end{aligned}$$

其中，cnyex_{it-1} 和 cnyim_{it-1} 表示跨境贸易人民币计价的惯性效应。综上，构建的模型既包括了 Kamps（2006）、Ito 和 Chinn（2014）等代表性文献考察的贸易计价货币选择的一般影响因素，也包含了中国推进跨境贸易人民币计价的特定制度性因素，从而对贸易人民币计价的影响因素进行更加全面的探讨。

（二）变量、样本和数据说明

对式（5-3）至式（5-4）中各变量的衡量指标如下：

被解释变量 cnyex_{it} 和 cnyim_{it} 分别采用 i 经济体出口和进口中人民币计价的份额衡量。并且，考虑到被解释变量和一些解释变量取值在 0 与 1 之间，而另一些解释变量的取值不在该范围内，本书借鉴 Chinn 和 Frankel（2005）的做法，对被解释变量进行 Logistic 函数转换，对 cnyex_{it} 的转换过程为 $\ln[\mathrm{cnyex}_{it}/(1 - \mathrm{cnyex}_{it})]$，$\mathrm{cnyim}_{it}$ 也进行相应转换。

传统引力变量 cgdp_t、dgdp_{it} 和 dist_i 分别以中国 GDP、i 经济体国内（地区）生产总值和中国与 i 经济体人口最多城市之间的球面距离测度。

同时，为保证变量的平稳性，减少异方差影响，对上述变量均采用自然对数形式。

扩展引力变量中，$exshare_{it}$ 和 $imshare_{it}$ 分别以中国对 i 经济体的出口或进口占其总出口或总进口的比重进行衡量，rel_{it} 参照 Ito 等（2013）的做法，采用中国与 i 经济体的人均 GDP 之比进行测算，vol_{it} 以人民币兑 i 经济体货币汇率[①]的标准差进行计算，fm_{it} 使用中国的私人信用占 GDP 的比重与 i 经济体相应比重之比测度，fta_{it} 和 csa_{it} 为虚拟变量，分别表示中国与 i 经济体在 t 时期是否签订并实施 FTA 和 CSA，是则为 1，否则为 0；$cont_i$ 为中国是否与 i 经济体接壤的虚拟变量，接壤为 1，否则为 0，以反映中国与周边国家的边境贸易。

目前跨境贸易人民币计价数据主要分散在各国央行和统计局等政府网站中，考虑到数据的可得性，选取全球 40 个国家数据为样本，对人民币充当跨境贸易计价货币的影响因素进行实证检验。选取的国家有日本、韩国、印度、印度尼西亚、泰国、土耳其、俄罗斯、奥地利、比利时、保加利亚、塞浦路斯、克罗地亚、捷克、丹麦、爱沙尼亚、芬兰、法国、德国、希腊、匈牙利、爱尔兰、意大利、拉脱维亚、立陶宛、卢森堡、马耳他、荷兰、波兰、葡萄牙、罗马尼亚、斯洛伐克、斯洛文尼亚、西班牙、瑞典、英国、乌克兰、南非、萨尔瓦多、巴西和澳大利亚。[②] 上述国家覆盖了亚洲、欧洲、非洲、拉丁美洲、大洋洲等地区，并包含东盟国家、上海合作组织成员、金砖国家以及非洲、拉丁美洲国家等具有较大人民币贸易计价潜力的国家（陈雨露，2013）。2018 年，上述 40 个国家的 GDP 总量占全球 GDP 总量的比重为 72.48%，中国与这 40 个国家的贸易总额占中国对外贸易总额的比重达到 80.21%[③]，国家间贸易往来十分密切。据此，本书选取的国家具有代表性。此外，跨境贸易人民币计价始于 1997 年，样本的时间跨度为 1997 年第一季度至 2018 年第四季度。

①　对于双边汇率数据缺失的国家，采用人民币兑美元汇率和美元兑该国货币汇率进行转换。

②　值得注意的是，样本中并未包括中国，尽管现有对中国跨境贸易人民币计价的研究将人民币结算等同于人民币计价，但事实上，在全国跨境贸易人民币结算业务中，人民币计价的比例并不高（李波，2013），使用人民币结算数据将带来较大偏误。而中国的对外贸易人民币计价数据难以获得，因此不考虑在中国的人民币计价。

③　GDP 和贸易数据根据世界银行网站和联合国商品贸易统计数据库公布的数据计算而得。

　　各国进出口中使用人民币计价份额的数据[①]源于该国央行和统计局等政府部门网站，其中，日本数据来源于日本通产省，英国、巴西、土耳其和南非数据分别来源于其国家税务海关总署、发展工业和对外贸易部、财政部和对外贸易部，欧盟国家数据来源于欧盟统计局，其他国家数据来源于各国央行网站。贸易份额数据来源于 IMF 的国际贸易统计（DOT）数据库，中国和样本国家 GDP、人均 GDP 和货币汇率数据来源于 IMF 的 IFS 数据库，中国与样本国家的地理距离来源于法国国际展望与信息研究中心（CEPII）数据库，各国私人信用占 GDP 的比重数据来源于世界银行的全球经济监控（GEM）数据库，中国与样本国家签订的 FTA 和 CSA 数据分别来源于中国商务部和中国人民银行网站。由于一些国家在部分时期的数据存在缺失，采用的数据为非平衡面板数据。表 5-1 给出了样本数据的描述性统计结果。

表 5-1　出口和进口人民币计价样本数据的描述性统计

变量	样本量	均值	标准差	最小值	最大值
$cnyex_{it}$	1053	0.7382	2.0566	−1.7052	0.4641
$cnyim_{it}$	1018	0.6004	1.8825	−1.5619	−0.7675
$\ln cgdp_t$	3520	15.725	0.8153	14.3276	17.0486
$\ln dgdp_{it}$	3332	12.196	3.1294	6.8445	22.0691
$\ln dist_i$	3432	8.7718	0.4665	6.8602	9.5179
$exshare_{it}$	3340	0.0725	0.0655	0.0023	0.6931
$imshare_{it}$	3331	0.0392	0.0625	0.0001	0.4081
rel_{it}	3424	0.4371	0.4048	0.0527	2.8293

　　[①]　在部分国家统计的国际贸易计价货币份额数据中，人民币被并入"其他货币占比"，基于跨境贸易人民币计价的国际接受程度不断提高，此处借鉴姜晶晶（2015）和彭红枫等（2017）的处理方法，将其他货币占比作为人民币在跨境贸易计价中占比在最理想状态下的估计，即上限。同时，考虑到其他国家公布了人民币计价份额的正式数据，将人民币估计数据和正式数据放在一起回归可能存在高估现象。为此，本书借鉴彭红枫等（2017）的做法，在稳健性检验中，剔除人民币估计数据，使用人民币正式数据进行回归，得到了一致的结果。

续表

变量	样本量	均值	标准差	最小值	最大值
vol_{it}	2310	0.0783	0.2510	0	4.4880
fm_{it}	2936	0.8463	0.4871	0.1858	2.5326
fta_{it}	3520	0.0349	0.1836	0	1
csa_{it}	3520	0.2019	0.4015	0	1
$cont_i$	3520	0.0500	0.2179	0	1

三、跨境贸易人民币计价影响因素的实证分析

（一）面板单位根检验和多重共线性检验

使用 Fisher-ADF 单位根检验方法，对各变量平稳性进行检验，结果显示，所有变量均在 1% 显著水平上拒绝存在单位根的原假设，即模型中的所有变量均为平稳变量。进一步对所有回归方程中各变量的方差膨胀因子（VIF）进行考察，得到所有变量的 VIF 值均小于 5，因此可以基本排除存在严重的多重共线性问题。

（二）面板数据内生性问题

构建的模型还可能存在内生性问题。Rose(2000)的实证研究发现，在开展贸易活动时，两个国家使用共同货币或形成货币联盟会降低贸易活动的交易成本，进而促进两国间贸易发展。跨境贸易中人民币计价的使用也可能带动中国与其他国家签订 FTA 和 CSA。因此，中国贸易市场份额、两国签订 FTA 和 CSA 与跨境贸易人民币计价可能存在双向因果关系，即模型存在潜在的内生性问题。因此，为克服内生性，并考虑构建的扩展引力模型为动态面板数据模型，采用 SGMM 方法对模型进行回归，回归结果如表 5-2 所示。

表 5-2　出口和进口人民币计价份额影响因素的估计结果

变量	出口计价		进口计价	
	(1)	(2)	(3)	(4)
一阶滞后项	0.861 *** (16.885)	0.719 *** (14.785)	0.772 *** (7.919)	0.481 *** (5.013)
ln cgdp$_t$	0.085 ** (2.512)	0.147 * (1.658)	0.138 * (1.874)	0.109 * (1.794)
ln dgdp$_{it}$	−0.017 (−0.902)	−0.131 ** (−2.195)	−0.025 (−0.676)	−0.246 * (−1.827)
ln dist$_i$	−0.039 (−0.389)	−0.129 (−0.432)	−0.100 (−0.683)	−0.487 (−1.265)
exshare$_{it}$／ imshare$_{it}$		0.048 (0.041)		−1.150 (−1.334)
rel$_{it}$		1.360 ** (2.148)		1.575 ** (2.116)
vol$_{it}$		−0.032 (−0.720)		−0.007 (−0.072)
fm$_{it}$		0.009 (0.042)		0.191 (0.504)
fta$_{it}$		0.810 * (1.809)		0.557 ** (1.922)
csa$_{it}$		0.051 (0.245)		0.120 (0.546)
cont$_i$		1.304 ** (2.090)		2.091 ** (2.192)
常数项	0.202 (0.154)	0.081 (0.020)	0.097 (0.044)	4.389 (1.150)
Wald 统计量	498.72 ***	593.50 ***	524.17 ***	1795.16 ***
AR(1)	0.016	0.026	0.025	0.051
AR(2)	0.316	0.395	0.137	0.213
Hansen 检验	0.475	0.682	0.195	0.716
N	899	588	875	571

注：***、**、* 分别表示在 1%、5%、10% 的显著水平上显著。

（三）估计结果与分析

由表 5-2 可知，首先，中国经济实力、贸易国经济实力、中国相对产品异质性、签订 FTA 和边境贸易均对进出口人民币计价具有显著影响，这表明传统引力因素、市场因素和中国特定制度性因素均是人民币发挥跨境贸易计价货币职能的重要影响因素。其次,被解释变量一阶滞后项的系数显著为正,且普遍在 0.5 以上,说明跨境贸易人民币计价具有较强的惯性,样本国家在国际贸易中有继续使用人民币作为计价货币的动力。最后,考虑到各国经济环境可能具有较强的异质性,使用稳健标准误进行估计,以控制异方差问题,AR(1)、AR(2)和 Hansen 检验的结果均表明回归方法是合理的且有效的,传统引力模型和扩展引力模型的回归结果表明上述实证结果基本稳健。

在诸多影响因素中,传统引力因素 $\ln \text{cgdp}_t$、$\ln \text{dgdp}_{it}$ 和 $\ln \text{dist}_i$ 的回归结果与理论预期较为一致。其中,$\ln \text{cgdp}_t$ 的影响系数显著为正,表明中国经济实力的提升有利于进出口贸易中人民币计价的使用。在跨境贸易人民币计价的进程中,中国强劲的经济实力提升了境内企业在国际市场上的竞争力,并增强了境外企业持有人民币的信心,有力地推动了人民币行使跨境贸易计价货币职能。$\ln \text{dgdp}_{it}$ 的影响系数显著为负,反映出样本国经济实力越强,越倾向于选择本国货币进行贸易计价,从而不利于人民币行使计价货币职能。$\ln \text{dist}_i$ 的影响系数为负,但不显著,表明地理距离对跨境贸易人民币计价的抑制作用并不明显。近年来,跨境贸易中使用人民币计价的国家和地区不断增多,采用人民币计价的地区已涵盖亚洲、欧洲、拉丁美洲和大洋洲等区域,这表明跨境贸易人民币计价已经突破地理局限,逐渐进行全球布局。

在市场因素中,第一,exshare_{it} 和 imshare_{it} 的影响系数不显著,表明中国对样本经济体贸易市场份额的提升并不是该经济体在对外贸易中使用人民币计价的关键因素。这一结果与理论预期不同,但也反映了近年跨境贸易人民币计价的进程较为缓慢的事实。自 20 世纪 90 年代以来,中国对外贸易规模不断扩大,并逐步成为东盟和非洲的第一大贸易伙伴国,以及拉丁美洲的第二大贸易伙伴国,但跨境贸易人民币计价的发展却较为缓慢,人民币并未成为上述国家和地区进出口贸易的主要计价货币,人民币计价份额还很低。究其原因,主要是因为计价货币的选择具有惯性,目前美元、欧元、日元等国际货币仍然是上述国家和地区贸易计价的主要货币，促使国内企业难以转用其他货币进行计价。当然，随着人民币计价的惯性效应的逐渐增强，跨境贸易人民币计价份额将得到进一步提升。第二，rel_{it} 的影响系数显著为正，意味着中国相对于样本国的产品差异性较强，该国贸易越倾向于使用人民币计价。这也反映出不断提升中国产品的异质性将有利于提升国内企业的国际竞争力，推动人民币充当跨境贸易计价货币。第三，vol_{it} 和 fm_{it} 的影响系数不显著，但符号与理论预期相符，表明人民币汇率波动性和中国金融市场相对发展程度并不是影响跨境贸易人民币计价的主要因素。这主要是因为，一是在样本区间，人民币汇率并未发生较大波动。虽然近年来人民币汇率市场化改革使人民币汇率浮动区间有所扩大，但人民币汇率保持着基本稳定态势，以至于人民币汇率的波动性并不构成跨境贸易人民币计价的主要约束。二是在人民币行使贸易计价货币职能的国家中，不乏日本、韩国、英国等金融市场较为发达的国家，人民币凭借着中国强劲的经济实力仍然成为上述国家贸易的计价货币。

在中国特定制度性因素中，第一，fta_{it} 的影响系数显著为正，说明中国与样本国签订 FTA 能够有效推动该国对外贸易使用人民币计价。这一方面反映出 FTA 的签订有效弥补了国内的制度缺陷，改善了跨境贸易人民币计价的内部制度支撑条件，为其他国家使用人民币计价提供了良好的市场交易环境；另一方面也表明积极推动中国与更多国家签订 FTA 将推动人民币贸易计价的发展。并且，截至 2019 年 10 月，中国签订的 FTA 共涉及 24 个国家和地区，其中亚洲经济体达到 17 个，这也成为当前跨境贸易人民币计价主要集中于亚洲地区的主要原因。因此，为进一步推动跨境贸易人民币计价发展，积极推动与其他地区国家签订 FTA 十分必要。第二，csa_{it} 的影响系数为正，但不显著，表明中国积极推动与样本国签订 CSA 并不是跨境贸易人民币计价的关键因素。其原因可能是，近年来中国虽然与越来越多的国家签订了 CSA，但目前 CSA 很少被真正使用，反映出境外主体对人民币资金的需求并不强烈（张明和李曦晨，2019），从而对跨境贸易人民币计价的推动作用大打折扣。因此，须注重培育人民币的境外需求。第三，$cont_i$ 的影响系数显著为正，可见边境贸易的发展为跨境贸易人民币计价提供了良好的市场环境,对人民币在当地计价使用以及向周边国家和地区拓展发挥了重要的推动作用。

综上,中国经济实力、贸易国经济实力、中国产品相对异质性、FTA的签订和边境贸易均对进出口人民币计价具有显著影响,表明跨境贸易人民币计价受到了市场因素和中国特定制度性因素的影响。具体地,中国强劲的经济实力、较高的产品异质性,以及中国积极参与签订 FTA 和开展边境贸易均有利于跨境贸易人民币计价,贸易国经济实力的提升则不利于该国对外贸易使用人民币计价。此外,跨境贸易人民币计价具有较强的惯性,随着人民币境外认可度和使用度的不断提升,人民币在跨境贸易中的计价规模将进一步扩大。

（四）稳健性检验

为进一步验证估计结果的可靠性和稳健性,本书采用样本中人民币计价正式数据,剔除样本中人民币计价估计数据,使用 SGMM 方法重新进行回归,回归结果如表 5-3 所示。从表中可以看出,各变量的显著性并未发生变化,其影响系数的符号也保持一致,主要结论并未发生改变。

表 5-3　出口和进口人民币计价份额影响因素的稳健性检验

变量	出口计价		进口计价	
	(1)	(2)	(3)	(4)
一阶滞后项	0.548*** (3.185)	0.485*** (2.717)	0.330** (2.460)	0.445* (1.785)
$\ln cgdp_t$	0.983** (2.546)	0.758*** (2.647)	2.321*** (2.748)	4.847** (2.438)
$\ln dgdp_{it}$	−0.396*** (−6.222)	−0.341** (−2.516)	−0.933*** (−10.207)	−1.943*** (−2.823)
$\ln dist_i$	−1.073*** (−2.944)	−1.067 (−1.594)	−2.446 (−1.612)	−6.607 (−1.461)
$exshare_{it}$ / $imshare_{it}$		0.021 (0.647)		0.754 (1.246)
rel_{it}		1.241* (1.756)		1.327** (1.945)
vol_{it}		−0.012 (−0.543)		−0.005 (−0.075)

续表

变量	出口计价		进口计价	
	(1)	(2)	(3)	(4)
fm_{it}		0.013 (0.053)		0.015 (0.357)
fta_{it}		0.779** (1.973)		0.273** (2.236)
csa_{it}		−0.950 (−1.196)		−1.292 (−1.532)
$cont_i$		1.028* (1.697)		1.765** (2.045)
常数项	3.288 (0.725)	0.069 (0.056)	8.179 (0.573)	0.579 (0.465)
Wald 统计量	2424.81***	413.39***	144.26***	353.35***
AR(1)	0.038	0.048	0.050	0.045
AR(2)	0.404	0.202	0.377	0.128
Hansen 检验	0.102	0.118	0.181	0.215
N	140	140	131	131

注：***、**、* 分别表示在 1%、5%、10% 的显著水平上显著。

第二节　企业跨境发行人民币债券的影响因素

伴随着离岸人民币债券市场的快速发展和境内债券市场的对外开放，企业跨境发行的人民币债券的规模不断攀升，已成为人民币发挥金融资产计价货币职能的主要形式。在此背景下，企业跨境发行人民币债券的原因有待进一步考察。同时，考虑到中国境内企业离岸发行人民币债券为本币计价，境外企业发行人民币债券为外币计价，且发行本币计价和外币计价的影响因素及其影响方向存在一定差异，因此，本节将对上述两类企业的影响因素分别进行研究。

一、基于境内企业的实证分析及异质性检验

(一)计量模型构建

现有研究表明,一国(地区)企业选择跨境发行以本币计价的债券主要基于以下因素:第一,本国(地区)强有力的宏观经济环境会降低债券违约风险和企业发行成本,增强企业跨境发行债券时选择以本币计价的意愿。并且,这种宏观经济特征突出表现在强劲的经济实力(Hausmann and Panizza,2003)、较低且稳定的通货膨胀(Hale et al.,2014)、较低的利率、汇率及其波动,以及发达的金融市场(Chitu et al.,2014)等方面。第二,全球经济冲击会显著改变货币的相对发行成本,如在全球金融危机时期,主要国际货币的不确定性上升(Caballero and Farhi,2013),使得本币相对于外币(尤其是主要国际货币)的发行成本下降,也会推动企业跨境发行以本币计价的债券。第三,企业发行本币计价的能力具有差异。当企业有跨境贸易等活动存在外币收入时,为了对冲外币汇率风险,企业会选择以外币而非本币计价。此外,企业选择本币计价还具有网络效应和惯性效应,较大的本币国际债券发行规模以及经验丰富(发行过本币债券)的企业会显著降低发行本币相关的交易成本,推动企业跨境发行以本币计价的债券。基于此,本节对中国境内企业发行离岸人民币债券的影响因素进行实证检验,并借鉴 Hale 和 Spiegel(2012)、Hale 等(2016)的研究,构建经济计量模型如下:

$$
\begin{aligned}
\text{Currency}_{ijt} = & \gamma_0 + \gamma_1 \text{Currency\_D}_{ijt} + \gamma_2 \text{Currency\_F}_{ijt} \\
& + \gamma_3 \text{Gdp}_{it} + \gamma_4 \text{Inf}_t + \gamma_5 \text{Int}_t + \gamma_6 \text{Fx}_t \\
& + \gamma_7 \text{Vol}_t + \gamma_8 \text{Fde}_t + \gamma_9 \text{Crisis}_t + \gamma_{10} \text{Trade}_{it} \\
& + \gamma_{11} \text{Ib}_t + \varepsilon_{ijt}
\end{aligned}
\tag{5-5}
$$

其中,被解释变量 Currency_{ijt} 表示 t 时期中国境内企业 i 是否选择以人民币计价发行离岸债券 j。Currency_D_{ijt} 为 t 时期之前企业 i 是否发行过以人民币计价的离岸债券 j,用以衡量境内企业以人民币计价的惯性效应。相对地,本书还加入了境内企业以外币计价的惯性效应(Currency_F_{ijt}),用

以考察没有发行人民币计价经验的企业选择人民币计价的偏好程度。宏观经济变量包括中国的经济实力（Gdp_t）、通货膨胀率（Inf_t）、利差（Int_t）、人民币汇率水平（Fx_t）及其波动率（Vol_t）以及金融市场发展程度（Fde_t）。$Crisis_t$、$Trade_{it}$ 和 Ib_t 分别为反映全球经济冲击的全球金融危机、企业贸易活动和网络效应，γ_g 和 ε_{ijt} 分别为待估参数和误差项。

除上述解释变量外，在参考 Bruno 和 Shin（2017）研究的基础上，进一步加入债券发行特征变量和行业固定效应①作为控制变量，以控制其他因素对境内企业发行离岸人民币债券的影响。因此，式（5-5）扩展为如下形式：

$$
\begin{aligned}
Currency_{ijt} =\ & \gamma_0 + \gamma_1 Currency\_D_{ijt} + \gamma_2 Currency\_F_{ijt} \\
& + \gamma_3 Gdp_{it} + \gamma_4 Inf_t + \gamma_5 Int_t + \gamma_6 Fx_t \\
& + \gamma_7 Vol_t + \gamma_8 Fde_t + \gamma_9 Crisis_t + \gamma_{10} Trade_{it} \\
& + \gamma_{11} Ib_t + \gamma_{12} Amount_{ijt} + \gamma_{13} Ytm_{ijt} \\
& + \gamma_{14} Maturity_{ijt} + \gamma_{15} Industry + \varepsilon_{ijt}
\end{aligned} \tag{5-6}
$$

其中，$Amount_{ijt}$、Ytm_{ijt} 和 $Maturity_{ijt}$ 为债券发行特征变量，分别表示 t 时期中国境内企业 i 发行第 j 只离岸人民币债券的规模、到期收益率和期限，Industry 表示行业固定效应。

（二）变量说明

上述各变量的指标测算如下：

境内企业发行离岸债券的计价货币选择（$Currency_{ijt}$）：虚拟变量，t 时期境内企业选择人民币计价发行离岸债券为 1，选择其他货币计价为 0。

境内企业以人民币计价的惯性效应（$Currency\_D_{ijt}$）：虚拟变量，境内企业在 t 期之前发行过离岸人民币债券为 1，否则为 0。发行过离岸人民币债券的境内企业有人民币计价的相关经验，从而境内企业在发行离岸债券时更倾向于继续使用人民币计价，因此预期符号为正。

境内企业以外币计价的惯性效应（$Currency\_F_{ijt}$）：虚拟变量，境内

①　在控制变量的选取上，本书还尝试加入企业固定效应和年份固定效应，但由于加入企业固定效应的模型估计没有达到收敛，且年份固定效应变量与全球金融危机变量共线性严重，无法得到相应的回归结果。因此，本书借鉴 Bruno 和 Shin（2017）的研究，固定效应仅控制在行业层面。

企业在 t 期之前发行过以外币计价的离岸债券为 1,否则为 0。相应地,发行过外币计价的离岸债券的企业有进一步选择外币计价的倾向,将降低境内企业转向以人民币计价的可能性,故预期符号为负。

中国经济实力（Gdp_t）：以中国 GDP 占世界 GDP 的比重进行衡量。中国强劲的经济实力会促进境内企业发行以人民币计价的离岸债券,因此预期符号为正。

中国通货膨胀率（Inf_t）：采用中国 CPI 的一阶对数差分测度,其计算公式为 $Inf_t = (\ln CPI_t - \ln CPI_{t-1}) \times 100$。当中国通货膨胀率上升时,境内企业发行离岸人民币债券的成本上升,不利于其选择人民币作为计价货币,据此预期符号为负。

利差（Int_t）：使用中国与美国贷款的实际利率之差衡量。其中,国家实际利率由名义利率减去该经济体 CPI 得到。近年来,中国贷款利率持续高于美国贷款利率,中美利差的上升会增加境内企业选择人民币计价的借贷成本,降低其发行离岸人民币债券的意愿,因此预期符号为负。

人民币汇率水平（Fx_t）：采用人民币实际有效汇率的变动率进行衡量,对于汇率的变动率,以汇率的对数一阶差分进计算,其计算公式为 $Fx_t = (\ln Reer_t - \ln Reer_{t-1}) \times 100$,其中,$Reer_t$ 表示 t 时期人民币实际有效汇率。汇率直接反映了企业的偿债成本,当人民币汇率的变动率为正时,即人民币处于升值阶段,这将增加发行离岸人民币债券的偿债成本,不利于境内企业选择人民币进行离岸债券计价,故预期符号为负。

人民币汇率波动率（Vol_t）：以人民币实际有效汇率的波动率进行测度,并以人民币实际有效汇率的月度序列标准差进行测度,计算公式为 $Vol_t = \sqrt{\dfrac{1}{12} \sum_{t=1}^{12} Reer_t^2}$。人民币汇率波动程度越高,越不利于境内企业发行以人民币计价的离岸债券,因此预期符号为负。

中国金融市场发展程度（Fde_t）：使用中国股票总市值占中国 GDP 的比重衡量。中国金融市场越发达,意味着中国金融市场的规模越大,流动性越高,进而使发行离岸人民币债券的交易成本越低,越有利于境内企业选择以人民币计价发行,因此预期符号为正。

全球金融危机（Crisis$_t$）：虚拟变量，借鉴梁琪等（2015）的研究，将2007—2009 年赋值为 1，其他年份赋值为 0。在全球金融危机时期，美元、欧元等国际货币的流动性和不确定性上升，使得人民币相对于上述主要国际货币的发行成本下降，从而推动境内企业选择人民币作为离岸债券计价货币，故预期符号为正。

企业经营活动（Trade$_{it}$）：虚拟变量，参考 Bruno 和 Shin（2017）的研究，采用境内企业所属行业是否为可贸易部门进行测度，其中可贸易部门包括农业、矿业和制造业，不可贸易部门包括建筑业、运输业、通信业、公用事业和服务业。可贸易部门的企业有能力以外汇创造收入，并可以通过发行以外币计价的离岸债券来直接借入外汇，对冲外汇风险敞口，因此，可贸易部门的境内企业更倾向于发行以外币计价的离岸债券，而不倾向于以人民币计价，故预期符号为负。

网络效应（Ib$_t$）：采用跨境发行的人民币债券发行余额占所有货币国际债券发行余额的比重进行衡量。该份额越大，以人民币计价发行离岸债券的相关交易成本越低，越有利于境内企业选择人民币作为离岸债券计价货币，因此预期符号为正。

在债券发行特征变量中，债券发行规模（Amount$_{ijt}$）使用境内企业发行离岸债券的实际金额的对数进行衡量，其中发行实际金额由发行金额除以美国 CPI 得到，单位为百万美元；债券到期收益率（Ytm$_{ijt}$）即境内企业发行离岸债券的到期收益率；债券期限（Maturity$_{ijt}$）以境内企业发行离岸债券期限的对数测度，单位为月，上述三个变量用以考察境内企业发行离岸人民币债券的特征。

（三）样本选取与数据来源

2007 年 1 月 14 日，中国人民银行发布公告，首次允许经批准的境内金融机构在香港地区发行人民币计价债券。这标志着境内企业可以选择人民币作为计价货币发行离岸债券。同年 7 月，国家开发银行在香港地区发行了首只离岸人民币债券，此后境内企业人民币债券发行规模不断扩大。鉴于此，选取 2007—2018 年境内企业发行的所有离岸债券数据为研究样本，以考察境内企业选择发行以人民币计价的离岸债券的影响因素。

在本书的研究中,跨境发行债券的企业数据和债券发行特征数据来源于汤森路透数据库。该数据库提供了各国和地区企业跨境发行债券的详细数据,包括发行主体、发行日、到期日、计价货币、发行规模和到期收益率等,是各国学者和金融机构研究跨境发行债券的主要数据库之一。在发行企业所在地区的界定上,与 Habib 和 Joy(2010)的研究一致,本书使用国际清算银行(BIS)的定义,即以企业最高一级责任人的所在地为该企业的地理归属。这一定义考虑了发行企业可能是某跨境企业的一部分,如跨境企业在其他国家(地区)注册的分支企业或办事机构[①]。因此,中国境内企业的境外全资分支企业和拥有多数股权的分支企业也包括在内。并参照 Kedia 和 Mozumdar(2003)的研究,样本中企业总部与其上述分支企业统一记为一家企业进行考察。

除此以外,GDP、中国通货膨胀率和中国金融市场发展程度数据来源于世界银行世界发展指标数据库,人民币实际有效汇率数据来源于国际货币基金组织国际金融统计数据库,利率数据来源于 EIU Country Data 数据库,人民币离岸债券发行份额数据来源于国际清算银行(BIS)。在对样本数据的处理中,由于可转债与一般企业债券的性质不同,与现有研究一致,删除了可转债数据样本,在剔除缺失值之后,共得到 332 家中国境内企业发行的 1778 个离岸债券数据。同时,为最小化异常值的影响,连续变量均进行了 1% 与 99% 的缩尾处理。

(四)样本描述性统计分析

表 5-4 给出了各变量的描述性统计结果。可以看出,首先,境内企业发行离岸债券的计价货币选择($Currency_{ijt}$)的均值为 0.115,标准差为 0.319,说明近年来中国境内企业发行的离岸人民币债券数量较为稳定,并具有一定规模。其次,境内企业使用人民币计价惯性效应($Currency\_D_{ijt}$)和使用其他货币计价惯性效应($Currency\_F_{ijt}$)的均值

---

① 加入境外分支企业等具有合理性,原因是跨境公司的境外子公司在当地发行债券后,可以通过直接向其总部贷款的方式将资金转移到母公司(Habib and Joy,2010)。因此,母公司经常通过其境外子公司在境外发行债券来获取资金,境外子公司的发债意愿实际上也反映了母公司的发债意愿。

分别为 0.434 和 0.742,反映出离岸债券的计价货币选择具有一定的惯性,且相比人民币计价,境内企业选择其他货币计价的惯性效应更强。再次,从中国宏观经济变量来看,近年来中国的经济实力逐渐增强,并具有较低且稳定的通货膨胀率和较小的人民币汇率波动等,这将有利于境内企业发行以人民币计价的离岸债券。最后,从债券发行特征来看,境内企业发行的离岸债券的平均规模在 1.61 亿美元,到期收益率平均达到 4.28%,平均发行期限为 3.82 年。

表 5-4　境内企业发行离岸债券样本数据的描述性统计

变量	样本量	均值	标准差	最小值	最大值
$Currency_{ijt}$	1778	0.115	0.319	0	1
$Currency\_D_{ijt}$	1778	0.434	0.496	0	1
$Currency\_F_{ijt}$	1778	0.742	0.437	0	1
Gdp_t	1778	14.865	1.347	10.294	15.862
Inf_t	1778	2.013	0.663	1.427	5.405
Int_t	1778	0.400	1.103	−0.554	3.310
Fx_t	1778	0.460	3.810	−4.976	9.344
Vol_t	1778	2.081	0.719	1.029	3.181
Fde_t	1778	1.349	0.688	0.589	3.570
$Crisis_t$	1778	0.002	0.041	0	1
$Trade_{it}$	1778	0.036	0.186	0	1
Ib_t	1778	0.454	0.079	0.186	0.593
$Amount_{ijt}$	1778	5.082	1.504	0.742	7.636
Ytm_{ijt}	1778	4.280	7.292	−0.229	64.389
$Maturity_{ijt}$	1778	3.825	0.892	2.398	5.886

进一步地,为考察不同类型企业在发行离岸债券上的异质性,将样本

分为金融企业和非金融企业[①]，表 5-5 给出了各变量在上述企业下的均值差异检验结果。可以看出，除人民币汇率波动性、全球金融危机和债券到期收益率的均值差异不显著以外，金融企业和非金融企业在其他变量上的均值存在较大差异。具体地，在计价货币选择上，近年来境内金融企业共发行离岸债券 1214 只，其中以人民币计价的比重达到 12.6%；非金融企业共发行离岸债券 564 只，人民币计价占比为 9.0%，且前者以人民币计价的比重明显高于后者，可见相较非金融企业，金融企业发行的离岸债券更多，且更愿意选择以人民币计价。在计价货币的惯性效应上，金融企业相比非金融企业在选择计价货币上具有更强的惯性，且突出表现在以人民币计价方面。在宏观经济环境上，金融企业样本下的中国经济实力和通货膨胀率的均值显著高于非金融企业，而金融企业样本下的利差、人民币汇率水平和中国金融市场发展程度显著低于非金融企业，表明上述企业面临宏观环境时选择发行离岸债券的决策具有差异。在债券发行特征上，金融企业发行离岸债券规模和期限的均值显著低于非金融企业，反映出金融企业和非金融企业发行人民币离岸债券具有较强的异质性。

表 5-5　境内金融企业和非金融企业各变量的均值差异检验

变量	金融企业		非金融企业		均值差异检验
	样本量	均值	样本量	均值	
$Currency_{ijt}$	1214	0.126	564	0.090	0.036[*]
$Currency\_D_{ijt}$	1214	0.605	564	0.067	0.538[***]
$Currency\_F_{ijt}$	1214	0.810	564	0.598	0.212[***]
Gdp_t	1214	15.015	564	14.541	0.474[***]
Inf_t	1214	2.026	564	1.986	0.040[***]
Int_t	1214	0.247	564	0.730	−0.483[***]
Fx_t	1214	0.280	564	0.847	−0.567[***]
Vol_t	1214	2.094	564	2.052	0.042

[①]　根据样本数据中中国境内企业所属的行业情况，金融企业包括所在行业为银行业、证券、保险和其他金融业的企业，非金融企业则为除此以外的其他企业。

续表

变量	金融企业		非金融企业		均值差异检验
	样本量	均值	样本量	均值	
Fde_t	1214	1.278	564	1.503	−0.225 ***
$Crisis_t$	1214	0.001	564	0.004	−0.003
$Trade_{it}$	1214	0.002	564	0.110	−0.108 ***
Ib_t	1214	0.450	564	0.464	−0.014 *
$Amount_{ijt}$	1214	4.684	564	5.939	−1.255 ***
Ytm_{ijt}	1214	3.912	564	5.074	−1.162
$Maturity_{ijt}$	1214	3.592	564	4.328	−0.736 ***

注：***、**、* 分别表示在 1%、5%、10% 的显著水平上显著。

（五）实证结果分析

由于经济计量模型的被解释变量为虚拟变量，采用 Logit 模型对式 (5-6) 进行回归，并使用稳健标准误对回归系数进行估计，以控制异方差问题。在实证结果分析中，首先进行全样本回归分析，考察境内企业发行离岸人民币债券的一般原因；其次，将样本分为金融企业和非金融企业分别进行回归，以探讨在不同企业类型下发行离岸人民币债券的影响因素差异。

1. 境内企业发行离岸人民币债券的一般影响因素

全样本下的实证回归结果如表 5-6 所示。可以看出，境内企业选择人民币计价的惯性效应、中国通货膨胀率、人民币汇率水平、中国金融市场发展程度、全球金融危机、网络效应和债券发行规模均对境内企业选择发行以人民币计价的离岸债券具有显著影响，说明中国宏观经济因素、全球因素、惯性效应和网络效应均是境内企业选择人民币为离岸债券计价货币的主要影响因素。

在诸多影响因素中，第一，境内企业以人民币计价的惯性效应的影响系数显著为正，表明发行过离岸人民币债券的企业已经具备丰富的发行经验，从而更倾向于继续选择以人民币计价发行。相对应地，境内企业以其他货币计价的惯性效应的影响系数也为正，但不显著，反映出具有其他货币发行经验的企业也开始有选择以人民币计价的倾向,但还不足以成为发行离岸人民币债券的重要渠道。近年来,随着人民币国际债券市场环境的改善和相关政策的不断放开,越来越多的企业开始选择以人民币计价发行离岸债券。2007—2018 年,首次发行人民币离岸债券的企业逐渐增加,2018 年已达到 31 家,占该年所有境内发行企业的比重为19.87%,相信随着发行离岸人民币债券的企业的不断增多,境内企业对外币的依赖性将逐渐减弱,转而会增加发行以人民币计价的离岸债券。

　　第二,在中国宏观经济因素中,中国通货膨胀率、人民币汇率水平和中国金融市场发展程度的影响均显著,说明上述三个因素已成为境内企业发行以人民币计价的离岸债券的主要宏观经济条件。一是中国通货膨胀率的影响系数为正,表明中国通货膨胀水平的上升会推动企业选择人民币作为离岸债券计价货币。该结果与预期方向相反,这可能是因为近年来中国的通货膨胀水平普遍较低。从样本区间中国通货膨胀率的走势来看,自 2007 年后,中国通货膨胀率普遍在 5% 以内,且 2012 年后均在1%—3% 区间内变动。较低且温和上升的通货膨胀率反映了中国经济的可持续增长,这将为境内企业发行以人民币计价的离岸债券提供良好的宏观环境,并促进企业在发行此类债券时选择人民币计价。二是人民币汇率水平的影响系数为负,说明人民币汇率升值不利于境内企业发行以人民币计价的离岸债券。汇率直接反映了企业的偿债成本,人民币汇率水平越高,发行离岸人民币债券的偿债成本越高,越不利于企业选择以人民币进行国际债券计价。三是中国金融市场的发展程度的影响系数为负,意味着中国金融市场发展并不利于境内企业发行以人民币计价的离岸债券。其原因可能是在发展程度较高的金融市场上,企业可以选择的金融工具较多,并可以通过选择其他融资成本更低、交易更便捷的金融工具进行融资,从而不利于企业发行以人民币计价的离岸债券。

　　第三,中国经济实力、利差和人民币汇率波动率并不是影响境内企业发行离岸人民币债券的关键因素。其背后的原因主要有以下几个,一是离岸人民币债券市场的发展时间尚短,境内企业还没有形成稳定的人民币计价偏好,即使中国经济实力有所提高,人民币的国际使用和企业认可程度还需要时日拓展，并且，在 2008 年全球金融危机后，发达经济体经济增长放缓，新兴经济体的经济地位有所突显，但在国际金融资产计价货币中，美元等国际货币仍然占据着主导地位，因此，现阶段中国经济实力的上升还不能显著推动企业选择人民币作为国际债券计价货币。二是近年来中美利差在逐渐收窄。随着我国利率市场化的不断推进，中美利差呈现不断收窄的趋势，从而使境内企业发行离岸人民币债券的套利交易动机并不强。三是目前人民币汇率整体趋于稳定。虽然近年来，伴随人民币汇率市场化改革的推进，人民币汇率的波动性有所上升，但是相比美元、欧元等主要国际货币，人民币汇率的波动还较小，从而境内企业在发行离岸人民币债券时并不十分关注人民币汇率的波动性。

第四，全球金融危机对企业发行以人民币计价的国际债券具有显著的抑制作用。现有研究表明，全球经济危机会导致主要国际货币的短缺和不确定性上升，增加以主要国际货币计价的国际债券的发行成本，从而推动一国企业选择发行以本币计价的国际债券。然而，从人民币来看，在全球金融危机时期，境内企业发行的离岸人民币债券并未出现显著增加。在该时期发行的 45 只离岸债券中，仅有 1 只债券以人民币计价，而以美元、欧元和日元等国际货币计价的债券达到 39 只，主要国际货币在国际债券计价中仍然占据绝对的主导地位。由此可见，在遭受全球因素冲击时，境内企业仍倾向于选择主要国际货币作为离岸债券计价货币，这也反映出境内企业尚未形成稳定的人民币计价偏好，会受到全球因素冲击。

第五，企业的贸易活动有利于其选择人民币作为离岸债券计价货币。该结论与预期不符，这可能与跨境贸易人民币结算计价规模不断提升有关。德意志银行发布的数据显示，近年来人民币的跨境贸易结算业务发展迅速，从 2012 年第一季度的 5804 亿元增长至 2019 年第一季度的1.943 万亿元，占中国全球贸易结算总额的比重从 1.03% 增长至约27%，使用人民币计价的企业也在逐渐增多，且开展跨境贸易人民币计价结算的企业绝大多数是中国境内企业。境内企业在跨境贸易中使用人民币计价结算会使企业获得以人民币计价的贸易收入，当企业需要对外融资时，通过发行以外币计价的离岸债券来对冲外币收入风险的动机减弱，企业更倾向于选择本币,即人民币作为国际债券计价货币。

第六,网络效应对境内企业发行以人民币计价的离岸债券具有显著的正影响。这表明网络效应能够显著推动境内企业选择人民币作为离岸债券计价货币。与现有研究一致,离岸人民币债券企业发行规模的持续扩大会产生规模经济,降低企业发行离岸人民币债券的交易成本,促使更多的境内企业发行离岸人民币债券。

第七,在债券发行特征因素中,债券发行规模的影响系数显著为负,说明境内企业发行的离岸债券规模越小,越倾向于选择人民币作为该债券的计价货币。这主要是因为境内企业发行以人民币计价的离岸债券属于本币计价,与外币计价相比,发行本币计价的离岸债券在税收监管差异及信息不对称等方面带来的成本较小(Hale et al.,2016),使得以本币计价发行较小规模的离岸债券能够节约更多的发行成本,从而使境内企业发行的离岸人民币债券具有发行规模较小的特点。此外,债券到期收益率和债券期限的影响不显著,可见境内企业发行的离岸人民币债券在到期收益率和期限方面并不存在显著特征。

表 5-6　境内企业选择发行离岸人民币债券的影响因素

变量	(1)	(2)	(3)
$Currency\_D_{ijt}$	0.647* (1.927)	1.208*** (4.143)	1.123*** (3.497)
$Currency\_F_{ijt}$	0.199 (0.700)	0.308 (0.998)	0.326 (1.036)
Gdp_t		−0.075 (−0.044)	−0.079 (−0.049)
Inf_t		2.769* (1.863)	2.454* (1.702)
Int_t		0.175 (0.096)	0.344 (0.198)
Fx_t		−0.075** (−2.187)	−0.094*** (−2.736)
Vol_t		−1.734 (−1.618)	−1.695 (−1.609)

续表

变量	(1)	(2)	(3)
Fde_t		−1.842* (−1.954)	−1.616* (−1.730)
$Crisis_t$		−13.106* (−1.775)	−12.559* (−1.774)
$Trade_{it}$		0.872 (0.983)	1.140* (1.779)
Ib_t		32.829* (1.907)	30.538* (1.789)
$Amount_{ijt}$			−0.505*** (−8.206)
Ytm_{ijt}			−0.009 (−1.118)
$Maturity_{ijt}$			−0.008 (−0.049)
常数项	−18.415 (−0.000)	−31.779 (−1.275)	−27.348 (−1.176)
行业固定效应	Yes	Yes	Yes
N	1778	1778	1778
Pseudo-R^2	0.095	0.128	0.178
Log-pseudo-likelihood	−573.128	−552.314	−520.861

注：①括号中的数值表示 t 值。
②***、**、*分别表示在 1%、5%、10% 的显著水平上显著。

2. 不同类型企业发行离岸人民币债券的影响因素差异

Hale 和 Spiegel(2008)、Habib 和 Joy(2010)的研究表明，由于金融企业与非金融企业在外汇风险管理和投机交易等方面的能力不同，上述两类企业选择国际债券计价货币的影响因素具有异质性。鉴于此，进一步划分金融企业和非金融企业子样本，考察不同类型企业影响因素的异质性。

表 5-7 给出了基于不同企业类型的实证检验结果。从中可以看出，就金融企业而言，企业以人民币计价的惯性效应、以其他货币计价的惯性效应、全球金融危机、企业贸易活动和债券发行规模均是金融企业发行离岸人民币债券的主要影响因素。就非金融企业而言，人民币汇率水平、全

球金融危机、债券发行规模、债券到期收益率和债券期限是其发行人民币
国际债券的关键影响因素。由此可见,上述两类企业发行离岸人民币债
券的影响因素存在较大差异,其中,金融企业的发行具有较强的惯性效
应,主要受到全球因素和企业经营活动等因素的影响;而非金融企业的发
行则更为关注人民币汇率水平和全球因素,并具有债券发行规模较小、到
期收益率较低和期限较短等发行特征。

表 5-7　境内金融企业和非金融企业发行离岸人民币债券的影响因素

变量	金融企业			非金融企业		
	(1)	(2)	(3)	(1)	(2)	(3)
$Currency\_D_{ijt}$	0.048 (0.156)	1.043*** (3.066)	0.775** (2.090)	0.508 (1.031)	0.812* (1.665)	0.824 (1.350)
$Currency\_F_{ijt}$	1.179*** (2.858)	1.279*** (2.993)	1.416*** (3.262)	−0.408 (−1.103)	−0.400 (−1.019)	−0.152 (−0.377)
Gdp_t		0.321 (0.208)	0.324 (0.217)		−0.631 (−0.316)	−0.653 (−0.325)
Inf_t		0.946 (0.749)	0.356 (0.293)		2.258 (1.401)	2.775 (1.565)
Int_t		0.872 (0.519)	1.078 (0.656)		−0.684 (−0.314)	−0.108 (−0.049)
Fx_t		−0.009 (−0.271)	−0.034 (−0.961)		−0.073 (−1.603)	−0.092* (−1.866)
Vol_t		−0.415 (−0.430)	−0.158 (−0.166)		−1.444 (−1.133)	−2.115 (−1.507)
Fde_t		−0.902 (−1.022)	−0.411 (−0.463)		−1.532 (−1.281)	−1.919 (−1.458)
$Crisis_t$		−8.989 (−1.438)	−10.744* (−1.857)		−18.332** (−2.089)	−16.843* (−1.888)
$Trade_{it}$		−12.676*** (−15.232)	−13.192*** (−16.093)		0.948 (0.758)	2.743 (1.436)
Ib_t		12.987 (0.789)	7.683 (0.458)		27.382 (1.201)	33.753 (1.384)
$Amount_{ijt}$			−0.435*** (−6.586)			−0.938*** (−5.869)
Ytm_{ijt}			0.009 (1.064)			−0.097** (−2.249)

续表

变量	金融企业			非金融企业		
	(1)	(2)	(3)	(1)	(2)	(3)
$Maturity_{ijt}$			−0.115 (−0.507)			−0.968 *** (−4.225)
常数项	−2.918 *** (−5.808)	−14.710 (−0.693)	−10.200 (−0.518)	−18.256 *** (−15.31)	−21.012 (−0.805)	−13.791 (−0.516)
行业固定效应	Yes	Yes	Yes	Yes	Yes	Yes
N	1214	1214	1214	564	564	564
Pseudo-R^2	0.035	0.086	0.133	0.170	0.188	0.306
Log-pseudo-likelihood	−443.553	−420.249	−398.862	−209.013	−204.482	−174.750

注:①括号中的数值表示 t 值。
②***、**、*分别表示在 1%、5%、10% 的显著水平上显著。

产生上述差异的原因主要有以下两点:一是境内金融企业比非金融企业具有更强的人民币融资需求。目前,发行人民币离岸债券的境内企业以境内国有银行、大型商业银行和全球性商业银行的境内分支机构为主,这些金融企业在进行资产管理时更倾向于使用人民币计价,并具备自由选择计价货币的能力,因此,与境内非金融企业相比,境内金融企业在发行离岸债券时具有较强且持续的以人民币计价的倾向,从而其债券发行具有较强的惯性效应。不仅如此,与境内金融企业不同,非金融企业相对较低的人民币融资需求也促使其更倾向于发行规模较小、到期收益率较低和期限较短的离岸人民币债券。二是相比于境内非金融企业,金融企业的风险对冲和投机交易能力更强。当企业发行成本受到中国宏观经济环境冲击而发生变化时,金融企业更善于运用风险对冲工具以及套利交易活动来补偿发行成本变化带来的损失,从而在发行离岸人民币债券时不会过多关注中国的宏观经济条件,而主要基于企业内部的经营活动进行离岸人民币债券的发行。而对于非金融企业,其进行风险管理和套利交易的能力较差,会对直接反映偿债成本的人民币汇率水平较为敏感,人民币汇率水平变动成为非金融企业在发行离岸人民币债券时的主要宏观经济考量。

3.稳健性检验

为检验实证结果的稳健性,采用其他衡量指标对部分解释变量进行替代,具体如下。

(1)不同的人民币汇率水平和人民币汇率波动率衡量指标。以名义有效汇率的水平值和波动率替代实际有效汇率的相应值,对人民币汇率水平(Fx_t)和人民币汇率波动率(Vol_t)这两个变量重新进行度量,回归结果如表5-8的(1)部分所示。与表5-6进行对比可以发现,新的衡量指标对各样本的主要估计系数符号影响不大,本书基于全样本,以及金融企业和非金融企业子样本的主要结论并未发生实质性改变。

(2)不同的中国通货膨胀率衡量指标。进一步地,在中国通货膨胀率(Inf_t)指标的计算上,采用中国CPI的变动率替代CPI的环比对数差分,再次对实证结果的稳健性进行检验,检验结果如表5-8的(2)部分所示。可以发现,各样本估计系数的符号和显著性没有发生变化,本书结论仍然成立。

综上,采用不同的方法对部分解释变量重新进行衡量,其检验结果与主体实证结果是一致的,因此本书结论具有较强的可靠性和稳健性。[①]

表5-8　境内企业发行离岸人民币债券影响因素的稳健性检验

变量	(1)			(2)		
	全样本	金融企业	非金融企业	全样本	金融企业	非金融企业
Currency_D_{ijt}	1.123*** (3.497)	0.773** (2.079)	0.824 (1.351)	1.123*** (3.497)	0.775** (2.088)	0.824 (1.351)
Currency_F_{ijt}	0.327 (1.036)	1.417*** (3.264)	−0.152 (−0.376)	0.327 (1.036)	1.416*** (3.262)	−0.152 (−0.376)

---

① 本书也考虑了可能存在的内生性问题。部分研究表明,企业发行以某种货币计价的国际债券的规模会对该货币的总体发行规模产生影响,即企业选择的计价货币可能与以货币总体发行份额表示的网络效应存在双向因果关系。但是,由于本书采用的被解释变量为境内企业是否选择以人民币计价的二值虚拟变量,并非境内企业发行离岸人民币债券的规模,因此,本书与Siegfried等(2007)的研究一致,并不认为其他企业的选择对债券总体规模的影响是重要的,即并不存在潜在的内生性问题。

续表

变量	(1)			(2)		
	全样本	金融企业	非金融企业	全样本	金融企业	非金融企业
Gdp_t	0.005 (0.003)	0.335 (0.227)	−0.550 (−0.278)	−0.101 (−0.063)	0.322 (0.216)	−0.676 (−0.337)
Inf_t	2.539* (1.730)	0.366 (0.287)	2.870 (1.593)	2.289* (1.707)	0.330 (0.289)	2.592 (1.575)
Int_t	0.531 (0.306)	1.099 (0.682)	0.123 (0.057)	0.322 (0.186)	1.077 (0.656)	−0.130 (−0.059)
Fx_t	−0.101*** (−2.674)	−0.034 (−0.896)	−0.102* (−1.928)	−0.092*** (−2.745)	−0.034 (−0.964)	−0.090* (−1.854)
Vol_t	−1.808* (−1.673)	−0.188 (−0.188)	−2.230 (−1.555)	−1.630 (−1.608)	−0.147 (−0.158)	−2.044 (−1.511)
Fde_t	−1.662* (−1.819)	−0.440 (−0.497)	−1.944 (−1.514)	−1.575* (−1.731)	−0.403 (−0.461)	−1.874 (−1.460)
$Crisis_t$	−12.315* (−1.746)	−10.547* (−1.730)	−17.444** (−1.981)	−12.865* (−1.821)	−10.816* (−1.918)	−17.889** (−2.010)
$Trade_{it}$	1.139* (1.778)	−13.192*** (−16.094)	2.743 (1.437)	1.140 (1.178)	−13.192*** (−16.093)	2.743 (1.437)
Ib_t	31.129* (1.838)	7.954 (0.472)	34.159 (1.414)	29.764* (1.786)	7.537 (0.457)	32.905 (1.379)
$Amount_{ijt}$	−0.505*** (−8.206)	−0.435*** (−6.587)	−0.938*** (−5.870)	−0.505*** (−8.206)	−0.435*** (−6.587)	−0.938*** (−5.870)
Ytm_{ijt}	−0.009 (−1.118)	0.009 (1.064)	−0.097** (−2.249)	−0.009 (−1.118)	0.009 (1.064)	−0.097** (−2.249)
$Maturity_{ijt}$	−0.008 (−0.049)	−0.115 (−0.506)	−0.968*** (−4.225)	−0.008 (−0.049)	−0.115 (−0.507)	−0.968*** (−4.225)
常数项	−28.795 (−1.238)	−10.401 (−0.527)	−16.391 (−0.626)	−26.812 (−1.162)	−10.094 (−0.515)	−13.906 (−0.525)
行业固定效应	Yes	Yes	Yes	Yes	Yes	Yes
N	1778	1214	564	1778	1214	564
Pseudo-R^2	0.178	0.133	0.306	0.178	0.133	0.306
Log-pseudo-likelihood	−520.862	−398.860	−174.752	−520.862	−398.862	−174.752

注：①括号中的数值表示 t 值。

②***、**、*分别表示在1%、5%、10%的显著水平上显著。

二、基于境外企业的理论分析及实证检验

(一)理论基础和研究假说

理论上,企业选择发行以外币计价的国际债券的动机主要有三个:外汇风险管理、流动性和投机(Siegfried et al., 2007; Habib and Joy, 2010)。基于此,本书从上述三种动机出发,对境外企业发行以人民币计价的债券的影响因素进行理论分析,并提出相应的研究假说。

1. 外汇风险管理动机

大量研究发现,企业发行外币债券是为了对冲外汇风险。当企业拥有以外币计价的收入时,这种动机尤其强烈(Siegfried et al.,2007)。如与中国有贸易活动的美国企业会产生以人民币计价的收入,这将导致美国企业存在美元兑人民币的汇率风险,通过发行以人民币计价的债券,美国企业可以对冲这种风险。因此,拥有人民币收入的境外企业更倾向于发行以人民币计价的债券。另外,外币汇率的波动性也是企业在外汇风险管理动机下选择计价货币的重要因素。当人民币兑本币汇率的波动程度较高时,境外企业以人民币发行债券的借贷成本上升,从而不利于境外企业在发行债券时选择人民币计价。因此,提出如下假说:

假说1:在外汇风险管理动机下,拥有贸易活动的境外企业更倾向于选择发行以人民币计价的债券。

假说2:在外汇风险管理动机下,人民币兑本币汇率的波动程度越高,越不利于境外企业选择发行以人民币计价的债券。

2. 流动性动机

一种货币债券市场的流动性对企业发行国际债券的计价货币选择具有重要影响。当企业所在的本币债券市场的广度深度不够,或者根本不存在时,其选择以本币计价发行国际债券的交易成本较高,这会使企业更倾向于使用市场更广泛、流动性更强的货币作为国际债券计价货币。近年来,随着人民币国际债券发行规模的不断扩大,人民币国际债券市场的

规模和流动性持续攀升,这将降低境外企业发行人民币债券的交易成本。同时,伴随我国资本账户开放的不断推进,我国金融市场也得到了突飞猛进的发展,国内债券市场和外汇衍生品市场流动性的增强也会显著降低债券发行的交易成本,从而使境外企业选择以人民币为债券计价货币。因此,提出如下假说:

假说3:在流动性动机下,人民币国际债券市场规模越大,越有利于境外企业选择发行以人民币计价的债券。

假说4:在流动性动机下,中国金融市场发展程度越高,越有利于境外企业选择发行以人民币计价的债券。

3.投机动机

企业选择发行外币计价的国际债券还存在一些机会主义的原因。货币之间的利率差异和汇率变动等因素会显著影响企业发债时对计价货币的选择。虽然在理论上,套利将消除不同货币的预期利率成本之间的差异(即利率平价),但是从经验上看,上述价格差异已经存在了很长一段时间,国际市场上对利率平价的偏离经常出现(Habib and Joy,2010)。因此,为套取不同货币价格差异带来的收益,降低企业借贷成本,企业会选择发行以特定外币计价的国际债券。因此,当中国的利率低于企业所在国家(地区)的利率时,一国(地区)企业具有套取利差的投机动机,从而促使其发行以人民币计价的债券。同时,人民币相对于国内货币汇率的贬值也会成为一国企业发行以人民币计价的国际债券的动因——通过获取贬值带来的收益来降低借贷成本。因此,提出如下假说:

假说5:在投机动机下,中国相对于企业所在国(地区)的利差越高,境外企业越倾向于选择以人民币作为债券计价货币。

假说6:在投机动机下,人民币兑本币汇率的贬值将有利于境外企业选择发行以人民币计价的债券。

(二)计量模型构建

通过以上分析,参照 Siegfried 等(2007)代表性文献,构建计量模型如下:

$$\text{Currency}_{ijct} = \eta_0 + \eta_1 \text{Trade}_i + \eta_2 \text{Volf}_{ct} + \eta_3 \text{Ib}_t$$
$$+ \eta_4 \text{Fde}_t + \eta_5 \text{Intf}_{ct} + \eta_6 \text{Fxf}_{ct} + \varepsilon_{ijct} \qquad (5\text{-}7)$$

其中,被解释变量 Currency_{ijct} 表示 t 时期经济体 c(除中国外)的企业 i 跨境发行债券 j 的计价货币选择,解释变量包括境外企业选择发行外币债券的三种动机因素,其中,外汇风险管理动机的相关因素包括企业贸易活动(Trade_i)和人民币兑本币汇率波动率(Volf_{ct}),流动性动机相关因素为人民币国际债券市场份额(Ib_t)和中国金融市场发展程度(Fde_t),投机动机相关因素包括利差(Intf_{ct})和人民币兑本币汇率水平(Fxf_{ct}),$\eta_g(g=1,2,\cdots,6)$ 为待估参数,ε_{ijct} 为误差项。

此外,考虑到国际债券计价货币选择具有较强的惯性(何平等,2017)和控制模型中可能影响境外企业跨境发行债券的其他因素,借鉴 Candelaria 等(2010)、Bruno 和 Shin(2017)的研究,进一步加入企业选择计价货币的惯性效应和其他控制变量,模型扩展如下:

$$\text{Currency}_{ijct} = \eta_0 + \eta_1 \text{Trade}_i + \eta_2 \text{Volf}_{ct} + \eta_3 \text{Ib}_t + \eta_4 \text{Fde}_t$$
$$+ \eta_5 \text{Intf}_{ct} + \eta_6 \text{Fxf}_{ct} + \eta_7 \text{Currency\_R}_{ijct}$$
$$+ \eta_8 \text{Currency\_T}_{ijct} + \eta_9 \text{Gdp}_{ct} + \eta_{10} \text{Inf}_{ct}$$
$$+ \eta_{11} \text{Amount}_{ijct} + \eta_{12} \text{Ytm}_{ijct} + \eta_{13} \text{Maturity}_{ijct}$$
$$+ \eta_{14} \text{Industry} + \eta_{15} \text{id} + \eta_{16} \text{Year} + \varepsilon_{ijct}$$

$$(5\text{-}8)$$

在式(5-8)中,Currency_R_{ijct} 和 Currency_T_{ijct} 分别表示境外企业以人民币计价和以其他货币计价发行债券的惯性效应。Gdp_{ct} 和 Inf_{ct} 分别为经济体 c 的经济增长率和通货膨胀率,该经济体经济增长率和通货膨胀率的上升有利于当地企业跨境发行债券。Amount_{ijct}、Ytm_{ijct} 和 Maturity_{ijct} 为债券发行特征变量,分别表示债券的发行规模、到期收益率和期限。同时,为控制无法观测的潜在影响因素,模型进一步加入行业固定效应(Industry)、国家(地区)固定效应(id)和年份固定效应(Year)。[1]

---

[1]　本书也尝试加入企业固定效应,但基于 Logit 模型的估计没有达到收敛。因此,本书与 Bruno 和 Shin(2017)的研究一致,没有加入企业固定效应。

（三）变量、样本和数据说明

上述各变量的指标测算和预期符号如表 5-9 所示。

表 5-9　境外企业发行人民币债券的经济计量模型选取变量与预期符号

变量名	变量说明	预期符号
$Currency_{ijct}$	境外企业在 t 期发行以人民币计价的债券赋值为 1，以其他货币计价的赋值为 0	
$Trade_i$	企业所属行业为可贸易部门赋值为 1，否则为 0	＋
$Volf_{ct}$	人民币兑币实际汇率的当期月度序列的标准差，其中实际汇率由名义汇率乘以中国与该经济体 CPI 之比得到	—
Ib_t	跨境发行的人民币债券余额占所有货币国际债券发行余额的比重	＋
Fde_t	中国股票总市值占该经济体 GDP 的比重	＋
$Intf_{ct}$	中国与该经济体贷款实际利率之差，其中实际利率由名义利率减去该经济体 CPI 得到	—
Fxf_{ct}	人民币兑本币实际汇率的对数一阶差分，其中实际汇率的计算同上	—
$Currency\_R_{ijct}$	境外企业在 t 期之前发行过以人民币计价的债券为 1，否则为 0	＋
$Currency\_T_{ijct}$	境外企业在 t 期前发行过以其他货币计价的债券为 1，否则为 0	
Gdp_{ct}	该经济体 GDP 增长率	＋
Inf_{ct}	该经济体 CPI 变动率	＋
$Amount_{ijct}$	债券发行实际金额的对数（以美国 CPI 进行调整，单位为百万美元）	
Ytm_{ijct}	债券到期收益率	
$Maturity_{ijct}$	债券发行期限的对数（月）	
Industry	行业虚拟变量	
id	国家（地区）虚拟变量	
Year	年份虚拟变量	

为考察境外企业选择发行以人民币计价的债券的影响因素，选取 2010—2018 年境外企业发行的所有债券数据为研究样本。样本初期选为 2010 年的原因是，2010 年 2 月，香港金融管理局发布《香港人民币业务的监管原则及操作安排的诠释》，允许各经济体的企业无须中国监管部

门专门审批,均可以在香港发行离岸人民币债券。该项举措极大地促进了境外企业在发行债券时选择以人民币计价。同年 5 月,日本三菱东京日联银行发行金额为 10 亿元的人民币债券,成为首只境外企业发行的人民币债券。因此,2010 年后,人民币可以作为境外企业发行国际债券的一种计价货币选择。同样,考虑到可转债的债券性质与一般公司债券不同,与现有研究一致,删除了该部分样本,在删除缺失值之后,共得到 3654 家境外企业发行的 29572 只债券样本数据。并且,为消减异常值的影响,所有连续变量进行了 1% 与 99% 的缩尾处理。

在本书的研究中,国际债券数据和人民币兑各经济体货币汇率数据来源于汤森路透数据库。在发行企业所在国家的界定上,仍然参照 Habib 和 Joy(2010)的研究,使用国际清算银行(BIS)的定义对企业的国籍进行确定。此外,各经济体的贷款利率、GDP 增长率、通货膨胀率和金融市场发展程度等数据均来源于 EIU Country Data 数据库,人民币国际债券发行份额数据来源于 BIS。

样本数据的描述性统计结果如表 5-10 所示。从表中可以看出,第一,境外企业的计价货币选择($Currency_{ijct}$)的均值为 0.008,表明近年来境外企业选择发行以人民币计价的债券并不多见,人民币充当国际债券计价货币的境外使用程度较低。第二,在外汇风险管理动机因素中,企业贸易活动($Trade_i$)的均值为 0.126,说明跨境发行债券的境外企业中属于可贸易部门的企业较少,这可能使企业获取相关活动的人民币收入较少,从而使境外企业选择以人民币计价的意愿下降。在投机动机因素中,利差($Intf_{ct}$)和人民币兑本币汇率水平(Fxf_{ct})的均值均为正,意味着在样本期内,中国相对于其他国家(地区)的利率水平一般较高,且存在人民币兑本币汇率的普遍升值,这将不利于境外企业发行以人民币计价的债券。第三,在惯性效应因素中,境外企业选择人民币计价的惯性效应($Currency\_R_{ijct}$)和选择其他货币计价的惯性效应($Currency\_T_{ijct}$)的均值分别为 0.116 和 0.797,可见国际债券的计价货币选择具有惯性,且与以人民币计价相比,境外企业选择以其他货币计价的惯性效应普遍更强。第四,在债券发行特征因素中,境外企业发行债券的平均金额为 1.06 亿美元，平均到期收益率为 2.61％，平均发行期限为 7.91 年。

表 5-10　境外企业发行债券样本数据的描述性统计

变量	样本量	均值	标准差	最小值	最大值
$Currency_{ijct}$	29572	0.008	0.087	0	1
$Trade_i$	29572	0.126	0.331	0	1
$Volf_{ct}$	29572	8.015	4.204	2.534	16.630
Ib_t	29572	0.444	0.124	0.079	0.593
Fde_t	29572	1.508	0.876	0.589	3.570
$Intf_{ct}$	29572	0.408	5.463	−39.608	3.688
Fxf_{ct}	29572	0.060	6.121	−20.080	10.425
$Currency\_R_{ijct}$	29572	0.116	0.320	0	1
$Currency\_T_{ijct}$	29572	0.797	0.402	0	1
Gdp_{ct}	29572	2.203	1.385	−2.392	8.140
Inf_{ct}	29572	1.696	1.384	−0.693	8.739
$Amount_{ijct}$	29572	4.669	2.365	−1.503	7.793
Ytm_{ijct}	29572	2.611	6.358	−31.279	38.717
$Maturity_{ijct}$	29572	4.553	0.679	2.485	5.981

进一步地，考察不同类型企业跨境发行债券的异质性。表 5-11 给出了金融企业和非金融企业[①]子样本的各变量均值差异检验结果。从表中可以看出，金融企业和非金融企业在计价货币选择及其动机因素、计价货币惯性效应和债券发行特征等方面差异明显。具体地，从计价货币选择来看，样本期内境外金融企业共发行债券 20547 只，其中使用人民币计价的比重为 0.90％；非金融企业共发行债券 9025 只，以人民币计价的债券占比为 0.50％。这说明与非金融企业相比，金融企业发行的债券更多，且较倾向于选择以人民币计价。从计价货币选择的动机因素看，相较非金融企业，金融企业对人民币汇率波动更为敏感，以及面临更小的利差和人民币汇率变动。这主要是因为金融企业比非金融企业具有更强的外汇

---

① 根据样本数据中境外企业的行业分布，境外金融企业包括所在行业为银行业、证券、保险、房地产投资基金、独立金融业和其他金融业的企业，非金融企业包括除此以外的其他企业。

风险管理能力,进而使其对人民币汇率波动更为敏感;同时,金融企业较强的套利需求又使其在较小的利差和汇差环境下也愿意开展套利活动,从而与非金融企业相比,金融企业所面临的利差和汇率变动较小。从计价货币的惯性效应来看,无论是以人民币计价还是以其他货币计价,金融企业比非金融企业在选择计价货币上的惯性效应更强,且突出表现在以人民币计价方面。从债券发行特征看,境外非金融企业比境外金融企业发行的债券规模更大、到期收益率更高,且期限更长,普遍表现出更强的国际融资需求。

表 5-11　境外金融企业和非金融企业各变量的均值差异检验

变量	金融企业		非金融企业		均值差异检验
	样本量	均值	样本量	均值	
$Currency_{ijct}$	20547	0.009	9025	0.005	0.004*
$Trade_i$	20547	0.001	9025	0.412	−0.411
$Volf_{ct}$	20547	8.570	9025	6.765	1.805***
Ib_t	20547	0.446	9025	0.439	0.007
Fde_t	20547	1.526	9025	1.469	0.057
$Intf_{ct}$	20547	0.345	9025	0.740	−0.395***
Fxf_{ct}	20547	−0.029	9025	0.271	−0.300***
$Currency\_R_{ijct}$	20547	0.170	9025	0.007	0.163***
$Currency\_T_{ijct}$	20547	0.856	9025	0.703	0.153***
Gdp_{ct}	20547	2.159	9025	2.312	−0.153
Inf_{ct}	20547	1.652	9025	1.804	−0.152
$Amount_{ijct}$	20547	3.987	9025	6.123	−2.136***
Ytm_{ijct}	20547	1.798	9025	4.165	−2.367***
$Maturity_{ijct}$	20547	4.462	9025	4.755	−0.293***

注:***、**、*分别表示在1%、5%、10%的显著水平上显著。

(三)实证结果分析

为考察境外企业选择发行以人民币计价的债券的影响因素,采用

Logit 模型对式(5-8)进行回归，并使用稳健标准误估计回归系数。在实证结果分析中，分别进行全样本回归和不同企业类型的子样本回归，以考察境外企业发行人民币债券的一般影响因素和企业类型差异。

1. 境外企业发行人民币债券的一般影响因素

表 5-12 给出了全样本下的实证回归结果。从表中可看出，人民币国际债券市场份额、以人民币计价的惯性效应、以其他货币计价的惯性效应、本经济体经济增长率和债券发行特征因素均对境外企业选择发行以人民币计价的债券具有显著影响。由此可见，境外企业发行人民币债券具有较强的惯性效应，其在跨境发行债券时选择人民币计价的动机主要为流动性动机，在该动机下，人民币国际债券市场份额是境外企业选择人民币计价的主要影响因素。

表 5-12　境外企业选择发行人民币债券的影响因素

变量	(1)	(2)	(3)
$Trade_i$	−0.191 (−0.000)	−0.106 (−0.000)	−0.354 (−0.000)
$Volf_{cr}$	0.098 (1.350)	0.100 (1.322)	0.119 (1.531)
Ib_r	38.240* (1.899)	39.554 (0.000)	39.536*** (7.116)
Fde_r	−1.112 (−1.383)	−1.113** (−2.205)	−1.107 (−1.135)
$Intf_{cr}$	0.032 (0.147)	−0.075 (−0.331)	−0.034 (−0.143)
Fxf_{cr}	−0.010 (−0.542)	−0.015 (−0.778)	−0.016 (−0.773)
$Currency\_R_{ijct}$	1.498*** (6.891)	1.481*** (6.615)	1.415*** (5.798)
$Currency\_T_{ijct}$	0.610 (1.539)	0.591 (1.497)	0.841** (1.981)

续表

变量	(1)	(2)	(3)
Gdp_{ct}		0.234** (2.291)	0.234** (2.250)
Inf_{ct}		−0.097 (−0.699)	−0.026 (−0.184)
$Amount_{ijct}$			−0.182*** (−5.616)
Ytm_{ijct}			0.069*** (8.054)
$Maturity_{ijct}$			−0.769*** (−8.110)
常数项	−49.315 (−0.000)	−52.132 (−0.000)	−51.654 (−0.000)
行业固定效应	Yes	Yes	Yes
国家固定效应	Yes	Yes	Yes
年份固定效应	Yes	Yes	Yes
N	29572	29572	29572
Pseudo-R^2	0.311	0.312	0.351
Log-pseudo-likelihood	−856.859	−854.866	−807.346

注：①括号中的数值表示 t 值。
②***、**、* 分别表示在 1%、5%、10% 的显著水平上显著。

具体地，第一，反映外汇风险管理动机的企业贸易活动和人民币兑本币汇率波动率的影响均不显著，表明外汇风险管理动机并不是境外企业发行以人民币计价的债券的主要动机。其原因可能是，现阶段境外企业在贸易活动中产生的人民币收入和对人民币汇率波动的敏感度较低。首先，从贸易活动来看，中国人民银行公布的数据显示，2018 年中国货物贸易中人民币跨境收付金额为 3.66 万亿元，占该年本外币跨境收付的比重仅为 11.70%；在服务贸易中，人民币跨境收付为 7688 亿元，占比为 20.40%。这说明在中国跨境贸易中，使用人民币收付的规模较小，这可能导致境外企业产生的人民币收入较少，从而使境外企业通过发行人民币债券来对冲人民币收入汇率风险的动机并不强。其次，从人民币汇率波动来看，目前人民币汇率的波动水平并不高，这使得人民币汇率波动性并不是境外企业发行人民币债券的主要影响因素。

第二,反映流动性动机的人民币国际债券份额对境外企业选择发行以人民币计价的债券具有显著的正向影响,而中国金融市场发展程度的影响不显著。由此可见,流动性动机是境外企业选择人民币作为债券计价货币的主要动机。在该动机下,人民币国际债券市场份额越大,越有利于境外企业发行以人民币计价的债券。相比之下,中国金融市场发展程度并不是境外企业选择人民币计价的主要影响因素,这表明境外企业在考量人民币的市场流动性方面,更为重视人民币国际债券市场的整体表现,而对于中国金融市场发展情况的关注较少。

第三,反映投机动机的利差和人民币兑本币汇率水平的影响不显著,意味着投机动机并不是境外企业选择发行以人民币计价的债券的主要动机。其原因可能是近年来境内外利差逐渐收窄,使得境外企业通过发行人民币债券来套取利率差异的动机下降,从而在发行人民币债券时对境内外利差关注较少。此外,随着近年来人民币汇率市场化改革的不断推进,人民币汇率的双向波动有所增强,境外投资者对人民币兑其他货币汇率的持续升值或持续贬值预期下降,这致使境外企业在发行人民币债券时,难以通过人民币兑本币汇率变动来降低未来的偿债成本,因此,人民币兑本币汇率水平并不是境外企业发行人民币债券的主要影响因素。

第四,境外企业以人民币计价的惯性效应均对其选择人民币作为债券计价货币具有显著的推动作用。这说明境外企业发行人民币债券具有较强的惯性,发行过人民币债券的境外企业具备使用人民币计价的经验,从而更倾向于在境外发行债券时继续选择以人民币作为计价货币。与此同时,境外企业以其他货币计价的惯性效应的影响也显著为正,表明具有以其他货币计价的债券的发行经验的境外企业也具有较强的发行以人民币计价的债券的倾向,即境外企业对人民币的认可程度和使用程度逐渐提升。近年来,虽然美元、欧元等主要国际货币仍然是境外企业发行国际债券的主要计价货币,但境外企业选择以人民币计价的债券数量也在逐年增长,表现出境外企业对人民币的认可程度不断提升。

第五,在可能影响境外企业发行人民币债券的其他因素中,经济体的经济增长率的影响显著为正,说明当地经济增长有利于企业发行人民币债券。而本国通货膨胀率的影响不显著,表明其并不是影响境外企业债券发行的关键因素。在债券发行特征因素中,债券发行规模、到期收益率和发行期限的影响均显著,且选择人民币计价的境外企业更倾向于发行规模较小、到期收益率较高和期限较短的国际债券,可见境外企业对人民币资金的融资需求并不高。

2.不同企业类型发行人民币债券的影响因素差异

与上一节一致,考虑到金融企业与非金融企业在外汇风险管理等方面的能力不同,上述两类企业选择债券计价货币的影响因素可能存在明显差异。因此,将样本划分为金融企业和非金融企业两部分,进一步分析各类企业的影响因素。

针对不同企业类型的实证检验结果如表 5-13 所示。从表中可以看出,非金融企业子样本的实证结果与全样本的实证结果一致,即人民币国际债券市场份额、以人民币计价的惯性效应、以其他货币计价的惯性效应、该经济体经济增长率和债券发行特征因素均对境外非金融企业发行以人民币计价的债券具有显著影响,反映出境外非金融企业选择人民币作为债券计价货币具有较强的惯性,其选择的主要动机为流动性动机,且在该动机下,人民币国际债券市场份额是其选择的主要影响因素。相比之下,境外金融企业选择人民币计价的动因更为丰富,与非金融企业相比,除以其他货币计价的惯性效应和该经济体经济增长率的影响不再显著外,企业贸易活动、人民币对本币汇率波动率和中国金融市场发展程度的影响也显著,表明外汇风险管理动机和流动性动机均是境外金融企业选择人民币计价的主要动机。由此可见,相较于境外非金融企业,我国宏观经济条件和企业内部的贸易活动均是境外金融企业发行以人民币计价的债券的原因。在债券发行动机方面,境外金融企业已实现了较为全面的外汇风险管理和人民币交易成本管理,而境外非金融企业在发行人民币债券时则仅关注人民币的交易成本是否较低。

表 5-13　境外金融企业和非金融企业发行人民币债券的影响因素

变量	金融企业		非金融企业	
	(1)	(2)	(3)	(4)
$Trade_i$	−0.633 (−0.500)	−3.303** (−2.132)	0.792 (1.585)	−1.994 (−0.000)
$Volf_{ct}$	0.117 (0.837)	0.140* (1.868)	0.103 (1.299)	0.121 (1.600)
Ib_t	39.476*** (12.648)	36.758*** (4.945)	41.422*** (2.778)	38.019*** (4.160)
Fde_t	−1.116** (−2.181)	−1.115** (−1.983)	−1.336* (−1.786)	−0.972 (−1.415)
$Intf_{ct}$	0.072 (0.244)	0.168 (0.668)	−0.031 (−0.135)	0.069 (0.289)
Fxf_{ct}	−0.008 (−0.276)	−0.007 (−0.310)	−0.017 (−0.839)	−0.022 (−1.096)
$Currency\_R_{ijct}$	1.225*** (3.636)	1.207*** (4.302)	1.294*** (5.511)	1.079*** (4.052)
$Currency\_T_{ijct}$	0.932 (1.092)	1.008 (1.559)	0.760* (1.670)	0.874* (1.847)
Gdp_{ct}	0.227** (2.569)	0.205 (1.582)	0.229** (2.123)	0.240** (2.153)
Inf_{ct}	−0.095 (−0.617)	−0.061 (−0.383)	−0.118 (−0.796)	−0.113 (−0.804)
$Amount_{ijct}$		−0.180*** (−4.779)		−0.144*** (−4.368)
Ytm_{ijct}		0.076*** (8.904)		0.074*** (10.953)
$Maturity_{ijct}$		−0.624*** (−6.613)		−0.750*** (−7.634)
常数项	−45.154*** (−7.714)	−39.094*** (−4.736)	−51.124 (−1.039)	−44.886 (−0.000)
行业固定效应	Yes	Yes	Yes	Yes
国家固定效应	Yes	Yes	Yes	Yes
年份固定效应	Yes	Yes	Yes	Yes
N	20547	20547	9025	9025
Pseudo-R^2	0.262	0.300	0.202	0.245

续表

变量	金融企业		非金融企业	
	（1）	（2）	（3）	（4）
Log-pseudo-likelihood	−751.309	−712.217	−521.879	−595.552

注：①括号中的数值表示 t 值。

②***、**、* 分别表示在 1%、5%、10% 的显著水平上显著。

3.稳健性检验

由于构建的计量模型（5-8）中的解释变量大多是国家（地区）层面变量，本书参考 Burger 等（2015）、Hale 等（2016）的研究，进一步采用以国家（地区）聚类的稳健标准差对模型（5-8）进行估计，以检验实证结果的稳健性。对境外企业样本，以及境外金融企业和非金融企业的子样本的估计结果如表 5-14 所示。从中可以看出，各样本估计系数的符号没有发生变化，研究结论也没有发生实质性改变，因此，研究结论基本稳健。[①]

表 5-14　境外企业发行人民币债券影响因素的稳健性检验

变量	全样本	金融企业	非金融企业
$Trade_i$	−0.354 （−0.000）	−3.303** （−2.379）	−1.994 （−0.000）
$Volf_{cr}$	0.119 （0.752）	0.140 （0.973）	0.121 （0.783）
Ib_r	39.536*** （20.645）	36.758*** （13.574）	38.019*** （13.104）
Fde_r	−0.007 （−0.991）	−0.015* （−1.683）	−0.972 （−1.319）
$Intf_{cr}$	−0.034 （−0.106）	0.168 （0.517）	0.069 （0.196）
Fxf_{cr}	−0.016 （−0.615）	−0.007 （−0.260）	−0.022 （−0.915）

[①]　与上一节一致，本节也考虑了可能存在的内生性问题。但由于本节采用的被解释变量为境外企业是否选择以人民币计价的二值虚拟变量，并非境外企业发行人民币债券的规模，因此，参考 Siegfried 等（2007）的研究，不认为模型中的被解释变量与解释变量存在双向因果关系，即并不存在潜在的内生性问题。

续表

变量	全样本	金融企业	非金融企业
$Currency\_R_{ijct}$	1.415 *** (4.595)	1.207 *** (3.031)	1.079 *** (3.953)
$Currency\_T_{ijct}$	0.841 * (1.772)	1.008 (1.276)	0.874 *** (3.084)
Gdp_{ct}	0.234 *** (3.023)	0.205 ** (2.154)	0.240 *** (3.102)
Inf_{ct}	−0.026 (−0.162)	−0.061 (−0.358)	−0.113 (−0.821)
$Amount_{ijct}$	−0.182 (−1.366)	−0.180 (−1.221)	−0.144 (−1.040)
Ytm_{ijct}	0.069 *** (4.926)	0.076 *** (4.994)	0.074 *** (5.293)
$Maturity_{ijct}$	−0.769 *** (−6.322)	−0.624 *** (−7.618)	−0.750 *** (−5.406)
常数项	−51.654 (−0.000)	−39.094 *** (−5.546)	−44.886 (−0.000)
行业固定效应	Yes	Yes	Yes
国家固定效应	Yes	Yes	Yes
年份固定效应	Yes	Yes	Yes
N	29572	20547	9025
Pseudo-R^2	0.351	0.300	0.215
Log-pseudo-likelihood	−807.347	−712.217	−595.552

注:①括号中的数值表示 t 值。

② *** 、** 、* 分别表示在 1%、5%、10% 的显著水平上显著。

第三节　本章小结

本章从私人部门出发,考察人民币国际计价货币职能的影响因素。在跨境贸易计价方面,首先在国际贸易计价货币选择理论的基础上,引入中国特定制度性因素,对人民币充当跨境贸易计价货币进行理论分析,然后,以跨境面板数据为样本,构建扩展引力模型,采用 SGMM 方法实证检验跨境贸易人民币计价的影响因素。在金融交易计价方面,重点考察企业跨境发行人民币债券的影响因素,使用汤森路透提供的全球企业债券发行数据,研究了境内企业和境外企业跨境发行人民币债券的作用机制和影响因素,并考察不同企业类型的异质性动因。本章的主要结论如下。

　　就跨境贸易计价而言,跨境贸易人民币计价的影响因素既具有一般性,也有其特殊性。即人民币在贸易领域计价职能的发挥不仅受市场因素驱动的影响,还得益于中国特定制度性因素的推动作用。从市场竞争来看,中国经济实力、贸易经济体经济实力和中国产品相对异质性是跨境贸易人民币计价的主要驱动力量,中国经济实力越强劲、产品异质性程度越高、贸易经济体经济实力越弱,越有利于该经济体在对外贸易中使用人民币计价。从制度性因素来看,中国政府积极参与签订FTA和大力开展边境贸易有利于跨境贸易人民币计价,为人民币行使跨境贸易计价货币职能提供了政策支持,有助于改善人民币计价的制度环境。同时,跨境贸易人民币计价也具有较强的惯性效应,随着人民币境外需求的不断增加,人民币在跨境贸易中的计价规模将进一步提升。

　　就企业跨境发行债券而言,境内企业和境外企业跨境发行人民币债券的影响因素存在差异。对于境内企业,其发行离岸人民币债券的惯性效应、中国通货膨胀率和人民币国际债券市场份额均对境内企业发行离岸人民币债券具有正向影响,而人民币汇率升值幅度、中国金融市场发展程度、债券发行规模以及全球金融危机的发生均对境内企业选择人民币作为离岸债券计价货币具有负向影响。与境内非金融企业相比,境内金融企业选择人民币计价的惯性效应更强,且在选择以人民币计价时主要受到企业经营活动的影响,非金融企业则更为关注人民币汇率水平。对于境外企业,人民币国际债券市场份额、境外企业选择计价货币的惯性效应、该经济体经济增长率和债券到期收益率是境外企业发行人民币债券的主要推动因素,且境外企业更倾向于发行规模较小和期限较短的人民币债券。对于境外非金融企业,流动性动机是企业发行人民币债券的主要动机;相比之下,境外金融企业的发行动机更为多样,外汇风险管理动机和流动性动机均是其发行人民币债券的主要动机。

第六章　推进人民币国际计价货币职能的战略路径

结合第五章的分析，本章提出有效推进人民币行使国际计价货币职能的立体化战略路径。首先确立人民币国际计价货币职能发展的整体战略目标，在此基础上，分别从部门拓展、领域互动和区域扩展三个层面提出详细的人民币计价发展路径。最后，提出具体的实施策略，为人民币发挥更大范围、更深层次和更高水平的国际计价货币职能提供政策建议和决策参考。

第一节　战略目标

本书的研究表明，从人民币国际计价货币职能的发展程度来看，无论是在官方部门的使用，还是私人部门的使用，与美元、欧元、日元、英镑等主要国际计价货币相比，人民币国际计价货币职能的发挥依然存在较大差距。然而，从人民币国际计价货币职能的发展进程来看，人民币在充当锚货币、跨境贸易计价货币和企业发行国际债券计价货币方面已初具规模，在人民币国际计价货币职能的各方面表现中较为突出，且在"一带一路"倡议和中国金融市场开放的重大机遇下，人民币在上述相关市场国际计价货币职能的发挥将拥有新的发展动力；相比之下，人民币充当官方部门跨境发行的债券和离岸人民币股票及基金的计价货币的发展较为滞后，且中国政府和境内企业的参与程度仍然较高，还需注重培育其他国家和地区使用人民币计价的真实需求；此外，人民币入篮 SDR 及 SDR 债券,以及人民币计价大宗商品期货才刚刚起步,健全相关市场机制、提高市场交易的活跃性是目前的首要任务。鉴于此,我国应以提升人民币锚货币职能、跨境贸易和国际债券计价货币职能为主要方向,推动"一带一路"沿线国家和地区的人民币计价,提供多元化的人民币计价金融产品,并着重培育人民币计价的海外真实需求。

综上所述,推进人民币国际计价货币职能的战略目标可以归纳为以提升人民币锚货币职能、跨境贸易和国际债券计价货币职能为主要方向,与"一带一路"倡议和中国金融市场开放深度结合,推动人民币计价在各部门、各领域和各区域的协调互动,最终使人民币成为国际主要计价货币。

第二节　基本思路和发展路径

基于上述战略目标,本节从部门、领域和区域三个层面提出提升人民币计价的具体发展路径。

一、部门拓展:跨境贸易计价＋国际债券计价＋锚货币

从人民币计价的部门来看,人民币充当锚货币是官方部门以人民币计价的主要表现形式,跨境贸易人民币计价和企业跨境发行人民币债券是私人部门以人民币计价的主要表现。本书的实证分析表明,其他经济体对中国的贸易依赖程度、中国与其他国家签订 FTA 并推动边境贸易,以及企业的对外贸易活动是上述人民币计价的重要影响因素。在当前中国与其他经济体贸易联系日益紧密的背景下,继续推动跨境贸易人民币计价、人民币国际债券的企业发行和人民币的货币锚效应将显著提升人民币的国际计价货币职能。并且,在与中国的主要贸易伙伴国和对中国市场依赖较大的国家推动上述人民币计价,更容易获得市场接受,因为与主要贸易伙伴间推动人民币跨境使用的障碍更少,可操作空间更大。

　　与此同时，一国或地区企业的经营活动频繁使用人民币计价有利于提升人民币在当地的信心和认可程度，从而为其官方部门选择人民币进行相关资产计价带来可能。可在现阶段人民币充当锚货币、跨境贸易计价货币和企业跨境发行债券计价货币的基础上，着重推动私人部门人民币计价的发展，通过刺激境外企业和非居民企业使用人民币计价的需求，带动官方部门使用人民币进行相关资产计价。具体地，可根据各国和地区的资源禀赋和与中国的经贸联系，推动当地企业使用人民币进行跨境贸易和大宗商品交易计价，并着重推动人民币计价的大宗商品期货和人民币对其他货币兑换交易在当地企业的使用，提供更加多元化的人民币金融交易产品，推动区域内人民币在金融交易领域计价职能的发挥，并通过非居民企业投资人民币衍生产品，带动当地货币当局或央行使用人民币进行相关资产计价，有助于增强当地政府发行人民币债券和提高货币篮子中人民币参考权重的意愿。

二、领域互动：大宗商品贸易与期货计价联动

　　从不同领域的人民币计价职能来看，本书研究发现，跨境贸易与金融交易人民币计价之间也存在着较强的联系。一方面，本书的实证分析表明，企业的对外贸易活动，尤其是在跨境贸易中使用人民币计价结算有利于该企业跨境发行以人民币计价的债券。因此，跨境贸易人民币计价将有助于推动金融交易人民币计价的发展。事实上，跨境贸易人民币计价的增加会使相关企业对人民币资金的投融资需求上升，并降低使用人民币计价资产的汇兑成本和汇率波动风险，提升以人民币计价的金融交易的活跃性。因此，可积极推动中国与更多经济体在跨境贸易中使用人民币计价，尤其是对于人民币计价具有一定优势的机械及运输设备类出口企业，鼓励相关企业通过跨境发行人民币债券获得人民币资金。还需加大离岸人民币金融市场建设，为当地企业提供多元化的人民币金融交易产品，使其获得人民币计价债券、股票和期货期权等多种融资工具，以推动人民币在金融交易领域行使计价职能。

另一方面,本书研究发现,虽然目前大宗商品贸易人民币计价的发展还十分缓慢,但人民币计价的大宗商品期货已实现重大突破,2018 年 9 月,联合石化已将人民币原油期货价格作为计价基准签署原油贸易合同,为大宗商品人民币计价提供了新思路。据此,可在大力发展人民币计价的原油期货、铁矿石期货和精对苯二甲酸期货的基础上,鼓励国内企业使用上述人民币价格开展大宗商品贸易,将人民币计价的大宗商品期货运用到企业经营和跨国贸易等多个环节,进而推动人民币计价在大宗商品贸易领域的发展。

三、区域扩展:巩固亚洲地区、深化"一带一路"沿线 区域、谋划其他区域

从区域分布来看,本书研究发现,亚洲地区是人民币充当锚货币的第一大区域,以人民币计价的跨境贸易和金融交易也主要集中在亚洲地区。然而,近年来人民币货币锚效应在亚洲地区的发展并不稳定,跨境贸易和金融交易人民币计价也主要局限在少数亚洲国家和地区之中,人民币在亚洲地区的计价职能需要进一步巩固。与此同时,推动人民币在"一带一路"区域充当主要计价货币的时机和条件已基本成熟。鉴于"一带一路"倡议正处于深入实施阶段,中国与"一带一路"沿线国家的贸易往来日益频繁,沿线国家对人民币的投融资需求不断增加,且沿线国家和地方政府对人民币的认可程度逐渐提升,中国可在"一带一路"沿线区域拓展和深化人民币的国际计价货币职能,使之逐渐成为该区域主要的跨境贸易计价货币、大宗商品交易计价货币和金融交易计价货币,并推动区域内各官方部门使用人民币进行相关资产计价,为人民币在全球范围内发挥国际计价货币职能提供发展模式和实践经验。

此外,人民币的国际计价货币职能除在"一带一路"沿线国家发挥较大作用外,在加拿大、英国、荷兰、爱尔兰、意大利和哥伦比亚等欧美和拉丁美洲地区其他国家,人民币也行使一定的国际计价货币职能。但是,上述国家使用人民币计价的规模还很小,且使用人民币计价的形式较为单

一，使人民币国际计价货币职能的发挥无法形成合力，在各国家和地区之间还难以产生网络效应，不利于当地人民币国际计价货币职能的提升。然而，随着人民币国际计价货币职能在"一带一路"沿线国家发挥更大的影响力，人民币的国际影响力将得到较大的提升，可以带动其周边国家和其他地区选择以人民币计价，为人民币在当地充当计价货币提供条件。因此，人民币国际计价货币职能在"一带一路"区域的发展进程中，应注重培育其周边国家的人民币计价需求，提升人民币在发达国家和国际机构的影响力。本书的实证研究表明，中国与其他国家的货币合作有利于跨境贸易人民币计价的使用。目前，中国与其他国家签订的本币互换协议、金融市场监管合作和货币兑换交易主要集中在"一带一路"沿线国家，还需推动中国与其他国家和地区开展上述官方合作，为当地使用人民币计价提供良好的市场环境，最终实现人民币在全球范围内的计价作用。

第三节　具体实施策略

一、加强自身能力建设与夯实国内经济实力

从国内层面看，本书的实证分析表明，中国经济实力的提升、产品差异化程度的提高、小幅上升的通货膨胀水平、稳定的人民币汇率、人民币汇率市场化改革和中国资本账户开放对人民币国际计价货币职能具有显著的推动作用。据此，为推动人民币国际计价货币职能的发挥，需做到以下方面。

第一，加快国内产业调整，推动经济高质量发展。具体而言，需要加快国内产业结构调整来整合国内资源，提高企业生产效率，实现产业结构转型升级，并通过合理推动我国产业向其他国家转移，尤其是优化中国在"一带一路"沿线国家的产业布局，推动相关产业的有效对接，通过推动中

国与"一带一路"沿线国家市场的深度融合来提升该地区进行跨境贸易人民币计价、大宗商品人民币计价和金融交易人民币计价的程度。为此,可根据中国与"一带一路"沿线国家的产业特点和优势,对中国各地区产业布局进行调整,与沿线国家及其他地区进行产业互动,提升我国经济实力。

第二,优化对外贸易结构,提升我国产品的差异化程度和国际竞争力。我国政府应在继续扩大出口的基础上,着重推动出口企业的技术创新和品牌建设,提高我国产品的差异化程度和国际竞争力,并积极发展进口贸易,增加对稀缺资源类产品、高科技产品和关键中间品的进口,构建多元平衡的对外贸易格局。同时,可借助"一带一路"倡议带动国内产业与沿线国家的产能合作和基础设施互联互通项目,培养我国具有比较优势的产业,并根据各国资源禀赋和政策协调进行产业转移,并通过外商直接投资、承接国际服务外包业务等方式获取发达国家的先进技术和管理经验,优化现有对外贸易结构。

第三,推动汇率市场化改革与人民币国际化协调发展。一方面,应逐步强化市场供求在汇率形成机制中的作用,减少央行对外汇市场的干预;另一方面,在人民币汇率市场化改革进程中,稳定和引导人民币汇率预期尤为重要,需加强人民币汇率波动预期管理。对此,一是要加强央行治理能力和沟通引导能力,引导市场主体客观认识人民币基本面,针对出台的政策,须通过加强政策意图沟通和提升市场沟通技巧等方式提高政策的透明度,推动市场主体形成稳定的理性预期。二是要注重以市场化手段维护汇率稳定,采取适当、灵活的措施打击投机行为,以维护正常有序的外汇市场秩序。三是需及时提升人民币汇率抵御外部风险和冲击的能力,健全风险预警和响应机制,进一步增加汇率弹性以形成缓冲来应对外部冲击。

第四,深入推进资本账户开放。本书研究表明,资本账户开放对人民币充当锚货币具有显著的推动作用。目前,我国资本账户开放程度与主要发达国家相比仍有明显差距,这将使人民币难以发挥国际影响力,无法成为其他国家和地区的政府及企业普遍认可和使用的计价货币,阻碍人民币在国际计价货币职能上发挥更大作用。因此,继续扩大我国资本账户开放变得尤为重要。在风险可控的情况下,可根据境内金融市场的完善程度逐步放松资本项目下的各子项目交易管制,完善"沪港通""深港通""沪伦通"的监管机制和专项法律,适时开通"债券通"的"南向通",并逐步向我国台湾地区等其他地区扩展。同时,需适当降低境内外企业进入境内银行间外汇市场、债券市场和股票市场的门槛,简化投资者手续,保障包括人民币在内的跨境资本流动渠道通畅。

二、为"一带一路"沿线国家使用人民币计价提供市场环境

鉴于当前人民币国际计价货币职能在各方面的表现及发展的主要区域,推动人民币在"一带一路"区域充当计价货币的重要时机已经到来。进一步提升中国与"一带一路"沿线国家的贸易联系,并通过沿线国家的直接投资项目、离岸人民币金融市场和金融衍生品的发展推动包括人民币在内的双边资本流动,将显著推动人民币国际计价货币职能的发展。为此,须做到以下四点。

第一,积极扩展"一带一路"沿线国家市场。一方面,可以引导企业通过自贸区、境内境外产业合作区、跨境电商供应链等方式将更多沿线国家纳入中国企业的国际产业链中,使国外价值链和国内价值链深度融合,开拓中国对外贸易市场;另一方面,应培育国内优质品牌,大力扶持我国具有比较优势的产业,鼓励其借助国内兼并重组和跨国并购实现产业链上下游的建设和整合,进而提升中国企业在"一带一路"区域价值链的建设能力。与此同时,随着支付宝、微信支付等第三方支付平台的快速发展,将第三方支付平台融入"一带一路"沿线国家的贸易交易中,将有助于加强中国与沿线国家的贸易联系,提升人民币在当地居民和企业的使用程度和流通速度,并在一定程度上消除沿线国家在国家层面上对人民币计价使用的抵触心理和顾虑。因此,可大力扶持相关企业拓展"一带一路"市场,在熟悉人民币的支付模式的基础上,进一步推广人民币计价的使用,使当地逐渐形成人民币计价的网络效应,进而促进人民币在沿线国家

央行或货币当局货币篮子权重的提升。

第二，利用亚洲基础设施投资银行、丝路基金和金砖国家新开发银行推动人民币在"一带一路"沿线国家的直接投资计价发展。在计价规模方面，可通过多种方式提升人民币直接投资的金额和比例。如在亚洲基础设施投资银行、丝路基金和金砖国家新开发银行框架下，积极推动沿线国家签订人民币直接投资项目，在项目合同中明确规定直接投资使用人民币计价或者人民币部分计价的比例；对于中国与"一带一路"沿线国家之间的直接投资和跨国并购活动，可以鼓励投资方以人民币计价，或以一定比例进行人民币投资入股，并在逐年的发展中提高人民币计价的比例，签订更多人民币直接投资的项目。在合作方式上，可尝试推出以人民币为计价货币的中长期开发性投资基金，通过债权、股权、股债相结合的方式满足"一带一路"区域内对人民币资金的多元化投融资需求，并向"一带一路"沿线国家推广，不断创新人民币计价直接投资模式。

第三，加速推动"一带一路"区域内的离岸人民币金融市场建设。一是合理布局离岸人民币金融市场建设。完善中国香港地区和新加坡离岸人民币债券、股票和人民币原油期货等金融市场，大力建设法兰克福、卢森堡等欧洲国家离岸人民币证券市场，鼓励相关企业、境内外投融资者在上述离岸市场发行人民币计价的金融交易产品，并且，我国相关管理部门可以在上海自贸区建立离岸人民币债券市场，并在"一带一路"倡议的框架下继续鼓励发行服务于境内外企业的"一带一路"专项人民币债券，通过境内离岸人民币债券的发行和交易以及两个债券市场资金流动的增加，推动境内外离岸人民币债券市场联动和良性互补发展。二是推动境外开发区的离岸人民币计价金融交易试点建设。近年来，中国在马来西亚、阿联酋、越南等部分"一带一路"沿线国家均建立了境外开发区，可鼓励中资银行入驻上述国家的开发区，并开设专门经营人民币计价业务的管理部门，推出针对开发区投融资需求的多元化人民币计价金融产品，并探索在其他"一带一路"沿线国家和地区建立更多境外人民币计价的金融交易试点。最后，加快离岸人民币市场的基础设施建设步伐。须加快人民币跨境支付系统（CPIS）建设，增加人民币清算行在"一带一路"沿线国家的布局，形成覆盖全面且合理的人民币清算网络，提高当地开展人民币清算业务的效率，加速形成该区域统一的离岸人民币清算和结算渠道，并逐渐向计价业务拓展，产生相一致的离岸人民币计价渠道，从而实现"一带一路"沿线国家各离岸人民币市场的互联互通，以及各离岸人民币计价业务的有序互动。

第四，根据"一带一路"沿线国家需求开发相应的人民币衍生产品，提高沿线市场主体持有人民币计价资产的吸引力。人民币衍生品的丰富不仅有利于境内人民币资金以方便、快捷的路径打入"一带一路"沿线国家市场，还有助于中国金融机构在境内外深入开展投资和金融活动，使人民币金融交易计价货币职能得到提升。为此，可鼓励我国商业银行和相关交易中心的境外机构针对沿线国家的特点以及客户的个性化需求开发以人民币计价的期货、期权、互换、掉期等产品，并运用现代化管理手段维护衍生品市场的规范和高效运作，提高沿线国家持有人民币资产的吸引力。在此基础上，进一步加强中国与"一带一路"沿线国家的金融市场监管合作和银行间合作，与沿线国家签署更多的本币互换协议，鼓励沿线国家将通过货币互换得到的人民币资金进一步用于投资以人民币计价的金融交易产品，通过沿线国家的居民和企业投资人民币衍生产品，以及国家部门对相关人民币计价产品的使用，进一步增强"一带一路"沿线国家政府发行人民币国际债券和提升货币篮子中人民币参考权重的意愿。

三、扩大中国与其他国家及国际机构的官方合作

本书的实证研究发现，中国与"一带一路"其他国家签订 FTA、发展边境贸易以及推动货币合作将有效推动跨境贸易人民币计价的发展。目前，中国与其他国家签订的 FTA、CSA 和其他贸易支持政策主要集中在亚洲国家和"一带一路"沿线国家，还需推动中国与沿线周边国家、发达国家和国际机构开展官方合作，为当地使用人民币计价提供良好的市场环境，进而推动人民币计价在全球范围内的使用。

第一，加强中国与"一带一路"沿线周边国家的经贸合作机制，培育当

地人民币计价需求。一是强化中国与沿线周边国家的贸易合作机制。可根据沿线周边国家实际，由中国主动牵头与其签订 FTA，或建立由多国参与的多边自由贸易区，并尝试签订全面税收协定，降低国家间贸易成本，增强贸易联系，以推动当地跨境贸易人民币计价的使用。二是加强中国与沿线周边国家的投资合作机制。需充分发挥亚洲基础设施投资银行、丝路基金和金砖国家新开发银行的作用，加强对非"一带一路"沿线国家的开发性融资项目的资金支持和服务力度，并适时增加直接投资中人民币计价的比例，鼓励我国对沿线周边国家的直接投资和跨国并购使用人民币计价。三是健全中国与沿线周边国家的金融合作机制。建立双边金融市场监管合作和银行间合作，努力实现人民币对其货币的兑换交易，其发展路径可从区域交易逐渐向直接交易过渡，并鼓励中资银行入驻沿线周边国家，建立人民币清算机制，加速推进人民币发挥金融交易计价货币职能的基础设施建设。四是加强中国与沿线周边国家的对话机制。建立国家间多层级对话机制，可借助上海合作组织、多边的清迈协议和博鳌亚洲论坛等多边对话平台，以及国家间对话、部长级会议、各领域合作论坛等形式凝聚共识，开展技术合作和研究共享，并推动各对话机制的常态化，由政府主导加强机制内部执行机构的建设，鼓励中方人员参加相关会议，扩展议题内容，并促成合作项目签订。与此同时，在加强中国与沿线周边国家的经贸合作机制的进程中，可借助"一带一路"沿线国家的人民币计价发展成果，注重发挥其网络正外部性，通过上述合作机制的建立，不断扩大人民币国际计价货币职能的边界和覆盖面。

第二，加强同发达国家和国际机构的合作，逐渐提升人民币在国际计价货币体系中的影响力。一方面，保持中国与日本、加拿大、英国等发达国家之间的友好合作关系，进一步强化与发达国家的贸易、投资和金融合作，并根据中国在各领域的相对优势产业、品牌和产品，加强对上述相关企业的扶持力度，提升企业的国际竞争力，在国际产业价值链中逐渐占据高端地位。此外，需加强中国与发达国家的货币合作，包括签订更多的双边本币互换协议，给予更多发达国家 RQFII 额度，设立覆盖较多地区的人民币清算行，并推动银行间市场人民币对更多发达国家货币直接交易，以提高发达国家使用人民币计价的可能性。另一方面，加强与联合国、世界银行、国际货币基金组织、亚洲开发银行等国际机构的合作，可在上述国际机构内部积极倡议使用人民币计价，逐渐提升人民币在 SDR 货币篮子中的权重，继续推动上述国际机构在中国银行间债券市场发行 SDR 债券和以人民币计价的国际债券，健全上述市场机制，并鼓励国内企业及外资企业参与市场交易，在扩大市场规模的同时提高市场流动性。

第三，发挥各地区人民币计价网络效应，加强"一带一路"沿线国家与其他国家和地区人民币计价的协调联动。目前，人民币发挥跨境贸易计价货币职能的区域主要集中在亚洲地区，可借助"一带一路"倡议推动人民币在沿线国家充当跨境贸易计价货币和大宗商品计价货币，并逐渐向投资、金融领域延伸，与亚洲基础设施投资银行、丝路基金和金砖国家新开发银行等机构开展基础设施融资合作，构成该区域的主要融资渠道，并加强区域内的离岸人民币市场建设，提供多元化的人民币金融交易产品，推动区域内人民币在直接投资和金融交易领域的计价职能。同时，区域外部的周边国家人民币计价的发展可与"一带一路"区域人民币计价形成合力，通过人民币计价的网络效应，逐渐降低各国企业使用人民币计价资产的交易成本，进一步巩固和加强"一带一路"区域内外的人民币计价职能。而发达国家和国际机构的人民币计价使用，尤其是上述国家和机构的 SDR 债券和人民币国际债券的官方发行，将给其他国家和地区带来"示范效应"，并推动"一带一路"沿线国家对 SDR 及 SDR 债券的使用，带动人民币在沿线国家货币篮子中锚定权重的提升。

第四节　本章小结

本章在分析官方部门和私人部门人民币国际计价货币职能的发展现状、问题和影响因素的基础上，提出有效推进人民币国际计价货币职能发展的立体化战略路径，具体如下。

首先，提出人民币国际计价货币职能发展的战略目标，即人民币国际计价货币职能的发展方向为提升人民币锚货币职能、跨境贸易计价职能和国际债券计价职能，并结合"一带一路"倡议和中国金融市场开放带来的重大发展机遇，推动人民币计价在部门、领域和地理区域三个层面的协调互动，最终实现人民币成为国际主要计价货币。

其次，从部门拓展、领域互动和区域扩展方面设计出详细的人民币国际计价货币职能的发展路径。在部门拓展方面，以"跨境贸易计价＋国际债券计价＋锚货币"为主路径，从官方部门计价向私人部门计价拓展；在领域互动方面，采用"跨境贸易与国际债券计价互动＋大宗商品贸易与期货计价联动"的发展路径，实现贸易与金融领域人民币计价互动；在区域扩展方面，以"巩固亚洲地区、深化'一带一路'沿线区域、谋划其他区域"扩展人民币国际计价货币职能的地理领域。

最后，基于战略目标和发展路径，分别从加强自身能力建设与夯实国内经济实力、为"一带一路"沿线国家使用人民币计价提供市场环境和扩大中国与其他国家及国际机构的官方合作三个方面给出具体的实施策略。本章提出的立体化战略路径将为人民币进一步提升国际计价货币职能提供政策建议和决策参考。

第七章 研究结论与展望

第一节 结 论

本书立足人民币国际化发展出现反复,以及近年来"一带一路"倡议的实施和中国金融市场开放给人民币国际化带来重大机遇的现实背景,从官方部门和私人部门两个层面,系统分析了人民币国际计价货币职能的发展状况,并系统研究人民币国际计价货币职能的影响因素,设计进一步推动人民币国际计价货币职能发展的可行路径。主要结论如下。

第一,近年来,人民币国际计价货币职能在官方部门和私人部门已经取得丰富成果。在官方部门,人民币开始在锚货币、官方部门国际债券计价货币和 SDR 及 SDR 债券方面行使国际计价货币职能;在私人部门,人民币已在跨境贸易和金融交易领域充当计价货币。尽管如此,现阶段人民币计价仍然存在一定的失衡问题,突出表现为官方部门人民币计价使用程度普遍较低,私人部门人民币计价主要集中于亚洲地区,以及不同领域人民币计价发展进程差距明显。

第二,在官方部门,人民币成为其他经济体锚货币的影响因素包括双边因素、第三方因素和全球因素。具体地,在选择锚定人民币方面,其他经济体主要基于双边因素和第三方因素选择是否锚定人民币,该经济体对中国贸易附加值依存度越高,中国与该经济体通过第三方建立的金融联系越强,人民币成为该经济体锚货币的可能性越大。在锚定人民币权重方面,双边因素和全球因素是其他经济体锚定人民币权重的主要影响因素。其中,中国资本账户开放对提升锚定人民币权重有正向影响,而双边资本流动、人民币汇率市场化改革、全球商品价格指数和全球风险价格指数均对其他经济体锚定人民币权重有负向影响。进一步考察不同地区经济体锚定人民币的影响因素得到,亚洲、非洲、拉丁美洲、欧洲和大洋洲经济体在锚定人民币的选择和权重方面具有较强的异质性,相关部门需对各地区采取不同策略以推动人民币在当地发挥锚货币职能。

第三,在私人部门,就跨境贸易计价而言,跨境贸易人民币计价的发展与主要计价货币相比,既有一般性,也有其特殊性。其不仅是市场因素驱动的结果,还得益于中国特定制度性因素的推动作用。从市场因素看,中国经济实力、跨境贸易经济体经济实力和中国产品相对异质性是跨境贸易人民币计价的主要影响因素,中国经济实力越强劲、产品异质性程度越高,以及贸易国经济实力越弱,越有利于该经济体在对外贸易中使用人民币计价。从制度性因素看,中国参与签订FTA和开展边境贸易是跨境贸易人民币计价的主要推动力量,在中国资本账户尚未完全开放、汇率和利率市场化机制有待完善的背景下,为跨境贸易人民币计价的实现提供了政策支持,在一定程度上改善了制度环境。同时,跨境贸易人民币计价也具有较强的惯性,随着人民币境外认可度和使用度的不断提高,人民币在跨境贸易中的计价规模将进一步提升。

第四,就企业跨境发行债券而言,本书分别对境内企业和境外企业跨境发行人民币债券的影响因素进行考察。对于境内企业,其发行离岸人民币债券具有较强的惯性效应,中国通货膨胀率越高,人民币国际债券市场份额越大,越有利于境内企业发行离岸人民币债券,而人民币汇率升值幅度越高,中国金融市场越发达,债券发行规模越大,越不利于境内企业发行离岸人民币债券,且全球金融危机的发生也不利于境内企业选择人民币作为离岸债券计价货币。与境内非金融企业相比,境内金融企业选择人民币计价的惯性效应更强,且在选择人民币时主要受到企业经营活动的影响,非金融企业的选择则更为关注人民币汇率水平。对于境外企业,人民币债券市场份额、境外企业以人民币计价和其他货币计价的惯性效应、本经济体经济增长率是境外企业发行人民币债券的主要推动因素,且境外企业更倾向于发行规模较小、到期收益率较高和期限较短的人民币债券。对于境外非金融企业，流动性动机是企业发行人民币债券的主要动机，相比之下，境外金融企业的发行动因更为丰富，外汇风险管理动机和流动性动机均是其发行人民币债券的主要动机。

第五，本书提出了推进人民币国际计价货币职能的战略目标、发展路径和具体策略。整体战略目标是以提升人民币锚货币职能、跨境贸易和国际债券计价货币职能为主要方向，兼顾"一带一路"倡议和中国金融市场开放的重大机遇，推动人民币计价在各部门、各领域和各区域的相互联动，最终推动人民币成为国际主要计价货币。在此基础上，从部门拓展、领域互动和地理区域扩展三个层面设计人民币国际计价货币职能的可行路径。在部门拓展方面，以"跨境贸易计价＋国际债券计价＋锚货币"为主路径，从私人部门计价向官方部门计价拓展；在领域互动方面，推动"跨境贸易与国际债券计价互动＋大宗商品贸易与期货计价联动"，促进贸易与金融领域人民币计价互动；在区域扩展方面，人民币计价以"巩固亚洲地区、深化'一带一路'沿线区域、谋划其他区域"来扩展"人民币区"的全球范围。最后，需从加强我国自身能力建设与经济实力提升、为"一带一路"沿线国家使用人民币计价提供良好的市场环境和推动中国与其他国家和地区及国际机构的官方合作三个方面具体实施，以推动人民币发挥更大范围、更高水平和更深层次的国际计价货币职能。

第二节　研究不足和展望

一、不足之处

本书虽然从官方部门和私人部门双视角系统研究了人民币发挥国际计价货币职能的影响因素及路径选择，并得到了一些创新性结果，但是也存在一些不足，具体如下。

第一,受到数据限制,本书尚无法对官方部门和私人部门各种人民币计价的影响因素进行研究。尽管本书对人民币的货币锚效应、跨境贸易人民币计价和企业跨境发行人民币债券的影响因素进行了深入分析,上述人民币计价也是人民币发挥国际计价货币职能的主要表现形式,然而,人民币国际计价货币职能涵盖的内容较为丰富,拓展对人民币计价在其他方面的影响因素研究,将是本书后续研究的主要工作之一。

第二,考虑到在人民币国际计价货币职能的发展进程中,中国国内的经济环境和全球经济局势一直处于不断的发展变化当中,人民币国际计价货币职能的影响因素也将更为复杂,因此还需对人民币国际计价货币职能不同阶段的影响因素展开研究。此外,如果能从其他角度对人民币国际计价货币职能的影响因素展开分析,如不同人民币计价领域之间的互动影响、特定国家和地区人民币计价的案例分析等,则将为进一步推动人民币国际计价货币职能提供新的思路。

二、研究展望

目前,人民币已经在一些国家和地区发挥国际计价货币职能。随着"一带一路"倡议和中国金融市场开放政策的深入实施以及"稳步推进人民币国际化"政策的持续支持,人民币国际计价货币职能必将得到全面、深入的发展。基于此,本书后续的研究可进一步扩充对人民币国际计价货币职能的研究内容,具体可以从以下三个方面实现突破。

第一,丰富人民币计价职能影响因素的研究。随着官方部门发行的人民币国际债券逐渐增多、"一带一路"沿线国家的跨境贸易和金融交易人民币计价不断发展,以及人民币计价的大宗商品期货规模持续提升,上述人民币计价数据将进一步丰富,后续的研究可拓展对人民币计价影响因素的考察,对上述国家政府和企业等选择人民币计价的影响因素及不同国家和区域的异质性进行研究。同时,随着人民币发挥国际计价货币职能的时间跨度的延长,可增加对人民币计价不同发展阶段的影响因素以及特定因素的非线性影响的研究,为官方部门和私人部门人民币国际计价货币职能的发展提供更为全面、具体的政策建议和决策参考。

第二，增加对不同人民币计价之间的互动影响研究。随着人民币国际计价货币职能的持续发展，不同计价职能之间的联系和影响将逐渐增强，如在私人部门，一国（地区）企业频繁使用人民币计价将促进其官方部门选择人民币；跨境贸易人民币计价使用频数的增加也将推动人民币计价金融交易的发展。对此，后续的研究可就不同部门人民币计价之间，以及不同计价职能之间的互动影响进行深入研究，从理论层面梳理其传导机制，并采用合理的研究方法进行实证分析。考虑到不同人民币计价之间的影响往往是双向的，可采用工具变量法（IV）、倾向得分匹配法（PSM）、结构方程模型（SEM）回归等研究方法，最大限度地控制实证研究中的内生性问题，识别出不同人民币计价之间的因果关系和影响程度，这将对推动人民币不同计价职能之间的互动发展具有重要意义。

第三，开展特定国家和地区人民币计价的研究和调研。鉴于不同国家和地区在经济发展模式、资源禀赋和制度环境等方面可能存在较大差距，人民币的计价功能在不同国家（地区）的发展策略也将不尽相同。因此，对特定国家和地区人民币计价的发展进行考察将成为后续研究的主要内容之一。在开展研究时，可通过发放调查问卷、实地考察等方式，获取当地第一手资料，为人民币计价职能在特定国家和地区的发展提供具有针对性、可行性的政策建议。

参考文献

[1] 巴曙松,2012. 香港人民币离岸市场发展的现状与挑战[J]. 发展研究(7):4-6.

[2] 白晓燕,郑程洁,2018. 宏观因子、融资行为与国际债券币种结构——基于资本管制差异的门限面板回归分析[J]. 国际金融研究(8):88-96.

[3] 陈雨露,2013. 人民币国际化报告 2013[M]. 北京:中国人民大学出版社.

[4] 楚国乐,吴文生,2015. 人民币作为国际计价货币的模式借鉴:美元模式与欧元模式的比较分析[J]. 财经研究(8):79-89.

[5] 邓富华,霍伟东,2017. 自由贸易协定、制度环境与跨境贸易人民币结算[J]. 中国工业经济(5):75-93.

[6] 邓贵川,彭红枫,2019. 货币国际化、定价货币变动与经济波动[J]. 世界经济(6):20-46.

[7] 丁剑平,方琛琳,叶伟,2018. "一带一路"区块货币参照人民币"隐性锚"分析[J]. 国际金融研究(10):23-33.

[8] 丁剑平,王婧婧,付兴中,2013. 培育人民币计价货币功能[J]. 中国金融(11):49-50.

[9] 高海红,余永定,2010. 人民币国际化的含义与条件[J]. 国际经济评论(1):46-64.

[10] 管清友,张明,2006. 国际石油交易的计价货币为什么是美元? [J]. 国际经济评论(4):57-60.

[11] 郭建伟,2018. 中亚五国货币与其锚货币是线性关系吗? ——引入

外部市场依赖程度的分析[J]. 数量经济技术经济研究(10):41-58.

[12] 何帆,张斌,张明,等,2011. 香港离岸人民币金融市场的现状、前景、问题与风险[J]. 国际经济评论(3):84-108.

[13] 何平,钟红,王达,2017. 国际债券计价货币的选择及人民币使用的实证研究[J]. 国际金融研究(6):75-84.

[14] 黄宪,白德龙,2017. 中国货币政策对经贸关联国货币政策的外溢影响研究——基于"一带一路"相关国的证据[J]. 国际金融研究(5):15-24.

[15] 姜晶晶,孙科,2015. 基于动态面板数据的国际储备币种结构影响因素分析——兼论人民币成为国际储备货币的前景[J]. 金融研究(2):23-35.

[16] 金春雨,吴安兵,2017. 金融状况视角下货币政策的区域非对称效应研究——基于G20国家的PSTR模型分析[J]. 国际金融研究(9):14-24.

[17] 李波,2013. 跨境交易人民币计价的前景[J]. 中国金融(23):49-50.

[18] 李稻葵,刘霖林,2008. 人民币国际化:计量研究及政策分析[J]. 金融研究(11):1-16.

[19] 李建军,田光宁,2003. 三大货币国际化的路径比较与启示[J]. 上海金融(9):20-31.

[20] 李晓,丁一兵,2009. 人民币汇率变动趋势及其对区域货币合作的影响[J]. 国际金融研究(3):8-15.

[21] 连平,2018. "一带一路"人民币国际化会在三个方面实现突破[EB/OL]. (2018-04-27)[2021-06-06]. https://baijiahao. baidu. com/s? id=1598860098278353459&wfr=spider&for=pc.

[22] 梁琪,李政,郝项超,2015. 中国股票市场国际化研究:基于信息溢出的视角[J]. 经济研究(4):150-169.

[23] 林波,2016. 匠心精神与长寿企业[J]. WTO 经济导刊(11):34-37.

[24] 刘诚,2015. 香港:"一带一路"经济节点[J]. 开放导报(4):60-62.

[25] 刘崇,2007. 贸易发展、金融发展与货币国际化[D]. 长春:吉林大学.

［26］刘刚,张友泽,2018. 人民币在"一带一路"货币圈发挥了锚效应吗?——基于人民币与主要国际货币比较研究［J］. 国际金融研究(7):32-41.

［27］刘华,李广众,陈广汉,2015. 香港离岸人民币汇率已经发挥影响力了吗?［J］. 国际金融研究(10):3-12.

［28］罗忠洲,2012. 跨境贸易计价货币选择理论:文献综述［J］. 国际经贸探索(6):75-87.

［29］罗忠洲,吕怡,2014. 我国企业跨境贸易结算货币选择的问卷调查分析［J］. 世界经济研究(6):10-16.

［30］欧阳旭,舒先林,2010. 石油贸易计价货币的国际政治经济博弈［J］. 中外能源(7):19-23.

［31］裴长洪,余颖丰,2011. 人民币离岸债券市场现状与前景分析［J］. 金融评论(2):40-53.

［32］彭红枫,谭小玉,祝小全,2017. 货币国际化:基于成本渠道的影响因素和作用路径研究［J］. 世界经济(11):120-143.

［33］阙澄宇,马斌,2013. 人民币成为锚货币了吗——基于状态空间模型的经验证据［J］. 财贸经济(4):39-49.

［34］宋玮,2013. 大宗商品是人民币计价的突破点［J］. 中国金融(23):55-56.

［35］陶士贵,别勇杰,2019. 大宗商品定价权与货币国际化互动关系研究——基于美国数据的实证分析［J］. 上海经济研究(5):103-117.

［36］涂永红,2015. 人民币作为计价货币理论与政策分析［M］. 北京:中国金融出版社.

［37］王涛,袁牧歌,2019. 流动性约束与企业出口行为——基于Heckman两阶段模型的实证研究［J］. 国际商务(3):15-31.

［38］王有鑫,周子清,杨翰方,2018. 基于货币群落视角的人民币汇率全球溢出效应研究［J］. 国际金融研究(9):13-23.

［39］王中昭,杨文,2016. 人民币汇率对东盟国家影响的结构路径分析［J］. 世界经济研究(3):53-60.

[40] 韦谊成,2017. 利用债券市场支持"一带一路"项目融资的构想[J]. 中国发展观察(7):27-29.

[41] 翁东玲,2013. 香港离岸人民币市场发展中存在问题及对策探讨[J]. 福建金融(9):45-52.

[42] 项卫星,钟红,李宏瑾,2017. 国际债券发行货币币种份额影响因素实证研究:对人民币国际化的启示[J]. 世界经济研究(9):3-12.

[43] 许祥云,吴松洋,宣思源,2014. 成本美元定价、东亚生产体系和出口标价货币选择——日元区域化的困境及启示[J]. 世界经济研究(11):23-28.

[44] 杨荣海,2011. 人民币周边化与东盟国家"货币锚"调整的效应分析[J]. 国际贸易问题(3):61-68.

[45] 杨荣海,李亚波,2017. 资本账户开放对人民币国际化"货币锚"地位的影响分析[J]. 经济研究(1):134-148.

[46] 杨正东,王海全,唐明知,2017.基于国际经验的人民币计价职能推进研究[J]. 新金融(2):50-53.

[47] 余永定,2011. 再论人民币国际化[J]. 国际经济评论(5):7-13.

[48] 于泽,黄荒原,夏江,2015. 人民币尚不具备成为东亚各国主导锚货币的条件[J]. 财政研究(4):55-60.

[49] 张明,2010. 亚洲债券市场的发展与中国地位的提升[J]. 国际金融研究(10):27-36.

[50] 张明,李曦晨,2019. 人民币国际化的策略转变:从旧"三位一体"到新"三位一体"[J]. 国际经济评论(5):80-98.

[51] 张莹莹,2019.人民币与亚洲主要货币汇率波动溢出效应——基于在岸与离岸人民币的比较[J].东北财经大学学报(6):79-87.

[52] 张莹莹,2020. 人民币在"一带一路"货币圈影响力——基于信息溢出及其作用渠道的分析[J].商业研究(1):74-84.

[53] 张中元,沈铭辉,2018. "一带一路"融资机制建设初探——以债券融资为例[J]. 亚太经济(6):5-14.

[54] 赵庆明,2005. 人民币资本项目可兑换及国际化研究[M]. 北京:中

国金融出版社.

[55] 赵然,伍聪,2014. 结算货币选择理论研究评述[J]. 经济理论与经济管理(7):64-75.

[56] 钟红,2018. 基于货币国际化视角的国际债券市场研究文献综述[J]. 国际金融研究(7):64-74.

[57] 钟红,李宏瑾,王达. 本币发行国际债券影响因素实证分析——对人民币国际化和货币回流机制的启示[J].金融评论,2017(1):66-77.

[58] 周先平,李标,冀志斌,2013.人民币计价结算背景下汇率制度选择研究:基于汇率变动时变传递效应的视角[J]. 国际金融研究(3):79-87.

[59] 周先平,李敏,刘天云,2015.境内外人民币债券市场的联动关系及其影响因素分析[J].国际金融研究,2015(3):44-53.

[60] 周阳,2017. 存在事实上的人民币货币区吗? ——基于东亚及 14 个主要新兴市场国家的实证考察[J]. 经济学家(9):36-43.

[61] 周宇,2013. 论人民币国际化的四大失衡[J]. 世界经济研究(8):16-22.

[62] Allayannis G，Brown G W，Klapper L F，2003. Capital structure and financial risk：Evidence from foreign debt use in East Asia[J]. Journal of Finance，58：2667-2710.

[63] Arslanalp S，Liao W，Piao S，et al.，2016. China's growing influence on Asian financial markets[Z]. IMF Working Paper，No. 16/173.

[64] Atkeson A，Burstein A，2008. Pricing-to-market，trade costs，and international relative prices[J]. American Economic Review，98 (5)：1998-2031.

[65] Bacchetta P，Wincoop E，2005. A theory of the currency denomination of international trade[J]. Journal of International Economics，67(2)：295-319.

[66] Balasubramaniam V，Patnaik I，Shah A，2011. Who cares about

the Chinese yuan? [Z]. National Institute of Public Finance and Policy Working Paper，No. 89.

[67] Berman N，Martin P，Mayer T，2012. How do different exporters react to exchange rate changes? [J]. Quarterly Journal of Economics，127(1)：437-492.

[68] Bracke T，Bunda L，2011. Exchange rate anchoring：Is there still a de facto US dollar standard? [Z]. ECB Working Paper，No. 1353.

[69] Branson W，Healy C，2005. Monetary and exchange rate policy coordination in ASEAN ＋ 1 [Z]. NBER Working Paper，No. 11713.

[70] Bruno V，Shin H S，2017. Global dollar credit and carry trades：A firm-level analysis[J]. The Review of Financial Studies，30(3)：345-364.

[71] Burger J D，Warnock F E，2004. Foreign participation in local currency bond markets [Z]. International Finance Discussion Papers，No. 794.

[72] Burger J F，Warnock F E，Warnock V C，2012. Emerging local currency bond markets[J]. Financial Analysts Journal，68(4)：73-93.

[73] Burger J F，Sengupta R，Warnock F E，et al. ，2015. U. S. investment in global bonds：As the Fed pushes，Some EMEs pull [J]. Economic Policy，30：729-766.

[74] Caballero J，Ugo P，Andrew P，2015. The second wave of global liquidity：Why are firms acting like financial intermediaries[Z]. CEPR Discussion Paper，No. 10926.

[75] Caballero R，Farhi E，2013. A model of the safe asset mechanism：Safety traps and economic policy[Z]. NBER Working Paper，No. 18737.

[76] Candelaria C A，Lopez J A，Spiegel M M，2010. Bond currency denomination and the Yen carry trade[Z]. Federal Reserve Bank of

San Francisco Working Paper, No. 2010-04.

[77] Chinn M, Frankel J, 2005. Will the Euro eventually surpass the dollar as leading international reserve currency? [Z]. NBER Working Paper, No. 11510.

[78] Chitu L, Eichengreen B, Mehl A, 2014. When did the dollar overtake stering as the leading international currency? Evidence from the bond markets[J]. Journal of Development Economics, 111: 225-245.

[79] Chow H K, 2011. Is there a yuan bloc in East Asia[Z]. Singapore Management University Working Paper.

[80] Chung W, 2016. Imported inputs and invoicing currency choice: Theory and evidence from UK transaction data[J]. Journal of International Economics, 99: 237-250.

[81] Cohen B J, 2014. Will history repeat itself? Lessons for the yuan [Z]. ADBI Working Paper Series, No. 45.

[82] Coudert C, Couharde V, Mignon P, 2013. Pegging emerging currencies in the face of dollar swings [J]. Journal Applied Economics, 45(36): 5076-5085.

[83] Devereux M B, Dong W, Tomlin B, 2015. Exchange rate pass-through, currency of invoicing and market share[Z]. Bank of Canada Working Paper, No. 31.

[84] Devereux M B, Engel C, 2002. Exchange rate pass-through, exchange rate volatility, and exchange rate disconnect[J]. Journal of Monetary Economics, 49(5): 913-940.

[85] Devereux M B, Engel C, Storgaard P E, 2004. Endogenous exchange rate pass—Through when nominal prices are set in advance[J]. Journal of International Economics, 6(2): 263-291.

[86] Devereux M B, Shi S, 2013. Vehicle currency[J]. International Economic Review, 54(1): 97-133.

[87] Donnenfeld S, Alfred H, 2003. Currency invoicing in international trade: An empirical investigation [J]. Review of International Economics, 11(2): 332-345.

[88] Duval R, Li N, Saraf R, Seneviratne D, 2016. Value-added trade and business cycle synchronization [J]. Journal of International Economics, 99: 251-262.

[89] Eichengreen B, Chitu L, Mehl A, 2016. Network effects, homogeneous goods and international currency choice: New evidence on oil markets from an older era[J]. Canadian Journal of Economics/Revue Canadienne d'Economique, 49(1): 173-206.

[90] Eichengreen B, Lombardi D, 2017. RMBI or RMBR? Is the renminbi destined to become a global or regional currency? [J]. Asian Economic Papers, 16(1): 35-65.

[91] Frankel J A, Wei S J. Yen bloc or dollar bloc? Exchange rate policies of the East Asian economies[M] //Ito T, Krueger A. Macroeconomic Linkages: Savings, Exchange Rates and Capital Flows. Chicago: University of Chicago Press, 1994.

[92] Fratzscher M, Mehl A, 2014. China's dominance hypothesis and the emergence of a tri-polar global currency system [J]. The Economic Journal, 124(581): 1343-1369.

[93] French G, 2016. China's Belt and Road plan is boon for Asia capital markets[N]. Financial Times, 2016-02-02.

[94] Friberg, R, 1998. In which currency should exporters set their prices? [J]. Journal of International Economics, 45(1): 59-76.

[95] Friberg R, Wilander F, 2008. The currency denomination of exports — A questionnaire study [J]. Journal of International Economics, 75(1): 54-69.

[96] Fukuda S, Ono M, 2005. The choice of invoice currency under uncertainty: Theory and evidence from Korea[J]. Journal of the

Korean Economy, 6(2): 1-14.

[97] Galati G, 2001. The dollar-mark axis [J]. Characteristically Archive, 137(1): 36-57.

[98] Galati G, Heath A, McGuire P, 2007. Evidence of carry trade activity[J]. BIS Quarterly Review, September: 27-41.

[99] Glick R, Rose A K, 1999. Contagion and trade: Explaining the incidence and intensity of currency crises [J]. Journal of International Money and Finance, 18(4): 603-617.

[100] Goldberg L S, 2005. Trade Invoicing in the accession countries: Are they suited to the Euro? [Z]. NBER Working Paper, No. 11653.

[101] Goldberg L S, Tille C, 2008. Vehicle currency use in international trade[J]. Journal of International Economics, 76: 177-192.

[102] Goldberg L S, Tille C, 2013. A bargaining theory of trade invoicing and prices[Z]. NBER Working Paper, No. 18985.

[103] Goldberg L S, Tille C, 2016. Micro, Macro, and strategic forces in international trade invoicing: Synthesis and novel patterns[J]. Journal of International Economics, 102: 173-187.

[104] Gopinath O, Itskhoki O, Roberto R, 2010. Currency choice and exchange rate pass-through[J]. American Economic Review, 100 (1): 304-336.

[105] Graham J R, Harvey C R, 2001. The theory and practice of corporate finance: Evidence from the field [J]. Journal of Financial Economics, 60: 187-243.

[106] Habib M M, Joy M, 2010. Foreign-currency bonds: Currency choice and the role of uncovered and covered interest parity[J]. Applied Financial Economics, 20(8): 601-626.

[107] Hale G B, Jones P, Spiegel M M, 2014. Home currency issuance

in global debt markets[Z]. Federal Reserve Bank of San Francisco Economic Letter, No. 2014-24.

[108] Hale G B, Jones P, Spiegel M M, 2016. The rise in home currency issuance[Z]. Federal Reserve Bank of San Francisco Working Paper, No. 19.

[109] Hale G B, Spiegel M M, 2008. Who drove the boom in Euro-denominated bond issues[Z]. Federal Reserve Bank of San Francisco Working Paper Series, No. 20.

[110] Hale G B, Spiegel M M, 2012. Currency composition of international bonds: The EMU effect[J]. Journal of International Economics, 88(1): 134-149.

[111] Hartmann P, 1998a. Currency Competition and Foreign Exchange Markets: The Dollar, Yen and Euro[M]. Washington, DC: Institute for International Economics.

[112] Hartmann P, 1998b. The currency of denomination of world trade after European Monetary Union[J]. Journal of the Japanese and International Economics, 12: 424-454.

[113] Hausmann R, Panizza U, 2003. On the determinants of original sin: An empirical investigation[J]. Journal of International Money and Finance, 22: 957-990.

[114] Henning C, 2012. Choice and coercion in East Asian exchange rate regimes[Z]. Peterson Institute for International Economics, Working Paper, No. 12-15.

[115] Ho C, Ma G, McCauley R, 2005. Trading Asian currencies[J]. BIS Quarterly Review, March: 49-58.

[116] Ilzetzki E, Reinhart C M, Rogoff K, 2017. Exchange arrangements entering the 21st Century: Which anchor will hold? [Z]. International Macroeconomics and Finance Working Paper, No. 11826.

[117] Imbs J, 2004. Trade, finance, specialization and synchronization [J]. Review of Economics and Statistics, 86(3): 723-734.

[118] Ito H, Chinn M, 2014. The rise of the 'Redback' and the People's Republic of China's capital account liberalization: An empirical analysis of the determinants of invoicing currencies[Z]. ADBI Working Paper, No. 473.

[119] Ito H, Kawai M, 2016. Trade invoicing in the major currencies in the 1970s—1990s[J]. Journal of the Japanese and International Economies, 42: 123-145.

[120] Ito T, 2010. Why has the Yen failed to become a dominant invoicing currency in Asia? A firm-level analysis of Japanese exporters' invoicing behavior [Z]. NBER Working Paper, No. 16231.

[121] Ito T, 2017. A new financial order in Asia: Will a RMB bloc emerge? [J]. Journal of International Money and Finance, 74: 232-257.

[122] Ito T, Koibuchi S, Sato K, 2010. Determinants of currency invoicing in Japanese exports: A firm-level analysis[Z]. RIETI Discussion Paper, No. 10-E-034.

[123] Ito T, Koibuchi S, Sato K, 2013. Choice of invoicing currency: New evidence from a questionnaire survey of Japanese export firms[Z]. RIETI Discussion Paper, NO. 13-E-034.

[124] Kamps A, 2006. The Euro as invoicing currency in international trade[Z]. ECB Working Paper, No. 665.

[125] Kawa M, Pontines V, 2016. Is there really a renminbi bloc in Asia?: A modified Frankel-Wei approach [J]. Journal of International Money and Finance, 62: 72-97.

[126] Kedia S, Mozumdar A, 2003. Foreign currency-denominated debt: An empirical examination[J]. The Journal of Business, 76

(4)：521-546.

[127] Kenen P，1983. The role of the dollar as an international currency [Z]. Group of Thirty Occasional Papers，No. 13.

[128] Krugman P，1984. The international role of the dollar：Theory and prospect[M] //Bilson J，Marston R. Exchange Rate Theory and Practice. Chicago，IL：University of Chicago Press.

[129] Lahari W，2011. Exchange rate volatility and choice of anchor currency：Prospects for a Melanesian Currency Union [Z]. Economics Discussion Papers Series，No. 1111.

[130] Lai E L C，Yu X，2015. Invoicing currency in international trade：An empirical investigation and some implications for the renminbi [J]. The World Economy，38(1)：193-229.

[131] Lane P R，Milesi-Ferretti G M，2007. The external wealth of nations mark II：Revised and extended estimates of foreign assets and liabilities，1970-2004[J]. Journal of International Economics，73(2)：223-250.

[132] Liao S，McDowell D，2015. Redback rising：China's bilateral swap agreements and renminbi internationalization [J]. International Studies Quarterly，59(3)：401-422.

[133] Ligthart J E，Da Silva J A，2007. Currency invoicing in international trade：A panel data approach [Z]. Tilburg University Discussion Paper，No. 25.

[134] Liu T，Lu D，2018. Trade，Finance and Endogenous Invoicing Currency：Theory and Firm-Level Evidence[C]. Asian Finance Association (AsianFA) 2018 Conference.

[135] Magee S P，Ramesh K S，1980. Vehicle and nonvehicle currencies in international trade[J]. The American Economic Review，70 (2)：368-373.

[136] Mccauley R N，Shu C，2018. Recent renminbi policy and currency

co-movements[J]. Journal of International Money and Finance, 95: 444-456.

[137] Meissner C M, Oomes N, 2009. Why do countries peg the way they peg? The determinants of Anchor currency choice[J]. Journal of International Money and Finance, 28(3): 522-547.

[138] Meltzer A H, 2003. A History of the Federal Reserve[M]. Chicago: Chicago University Press.

[139] Mileva E, Siegfried N, 2012. Oil market structure, network effects and the choice of currency for oil invoicing[J]. Energy Policy, 44: 385-394.

[140] Novy D, 2006. Hedge your costs: Exchange rate risk and endogenous currency invoicing[Z]. Warwick Economic Research Papers, No. 765.

[141] Pontines V, Siregar R Y, 2012. Fear of appreciation in East and Southeast Asia: The role of the Chinese renminbi[J]. Journal of Asian Economics, 23(4): 324-334.

[142] Rey H, 2001. International trade and currency exchange[J]. The Review of Economic Studies, 68(2): 443-464.

[143] Rizvi K A, Naqvi B, Mirza N, 2013. Choice of anchor currencies and dynamic preferences for exchange rate pegging in Asia[J]. The Lahore Journal of Economics, 18(2): 37-49.

[144] Rose A K, 2000. One money, one market: The effect of common currencies on trade[J]. Economic Policy, 15(30): 8-45.

[145] Rose A K, Spiegel M M, 2012. Dollar illiquidity and central bank swap arrangements during the global financial crisis[J]. Journal of International Economics, 88: 326-340.

[146] Shu C, Chow N, Chan J-Y, 2007. Impact of the renminbi exchange rate on Asian currencies[M] // Peng W, Shu C. Currency Internationalization: Global Experiences and

Implications for the renminbi. Palgrave Macmillan: 221-235.

[147] Shu C, He D, Cheng X Q, 2015. One currency two markets: The renminbi's growing influence in Asia-Pacific[J]. China Economic Review, 33: 163-178.

[148] Siegfried N, Simeonova E, Vespro C, 2007. Choice of currency in bond issuance and the international role of currencies[Z]. ECB Working Paper, 1-40.

[149] Silva J, 2004. Determinants of the choice of invoicing currency: From Dutch guilders to Euros in Dutch goods trade[R]. Tilburg: Tilburg University.

[150] Subramanian A, Kessler M, 2013. The renminbi bloc is here: Asia down, rest of the world to go? [J]. Journal of Globalization and Development, 4(1): 49-94.

[151] Tavlas G S, 1997. The international use of the U. S. dollar: An optimum currency area perspective[J]. The World Economy: The Leading Journal on International Economic Relations, 20(6): 709-747.

[152] Viren M, Amato A, 2002. Financial conditions indexes[J]. International Economics, 55(4): 521-550.

[153] Wang X N, Zhao X, 2014. The invoicing currency choice model of export enterprises assuming joint utility maximization and analysis of the factors influencing Selection [J]. Economic Modelling, 42: 38-42.

[154] Wilander F, 2004. An Empirical Analysis of the Currency Denomination in International Trade[Z]. Stockholm: Stockholm School of Economics.

[155] Zhou Y G, Chen S, 2012. A discussion on the development strategy of the Chinese debt market [Z]. BBVA Economic Research Department Working Paper, No. 1219.

附　录

附表 A　修正的两步 Frankel-Wei 方法估计所使用的样本经济体及其货币代码

经济体	货币代码	经济体	货币代码	经济体	货币代码
阿尔巴尼亚	ALL	多米尼加	DOP	尼加拉瓜	NIO
阿尔及利亚	DZD	埃及	EGP	尼日利亚	NGN
安哥拉	AOA	斐济	FJD	阿曼	OMR
阿根廷	ARS	冈比亚	GMD	巴基斯坦	PKR
亚美尼亚	AMD	格鲁吉亚	GEL	巴布亚新几内亚	PGK
阿鲁巴	AWG	海地	HTG	巴拉圭	PYG
阿塞拜疆	AZN	匈牙利	HUF	秘鲁	PEN
巴哈马	BSD	印度尼西亚	INR	菲律宾	PHP
巴林	BHD	印度	IDR	波兰	PLN
孟加拉国	BDT	伊拉克	IQD	卡塔尔	QAR
巴巴多斯	BBD	以色列	ILS	罗马尼亚	RON
白俄罗斯	BYN	牙买加	JMD	俄罗斯	RUB
伯利兹	BRL	约旦	JOD	萨摩亚	WST
不丹	BTN	哈萨克斯坦	KZT	沙特阿拉伯	SAR
玻利维亚	BOB	肯尼亚	KES	塞尔维亚	RSD
波黑	BAM	韩国	KRW	塞舌尔	SCR
博茨瓦纳	BWP	科威特	KWD	塞拉利昂	SLL
巴西	BRL	吉尔吉斯斯坦	KGS	新加坡	SGD
文莱	BND	老挝	LAK	所罗门群岛	SBD
保加利亚	BGN	黎巴嫩	LBP	南非	ZAR

续表

经济体	货币代码	经济体	货币代码	经济体	货币代码
布隆迪	BIF	莱索托	LSL	苏丹	SDG
佛得角	CVE	利比里亚	LRD	苏里南	SRD
柬埔寨	KHR	利比亚	LYD	斯威士兰	SZL
中非共和国	XAF	马其顿	MKD	塔吉克斯坦	TJS
智利	CLP	马达加斯加	MGA	坦桑尼亚	TZS
中国香港	HKD	马拉维	MWK	泰国	THB
中国澳门	MOP	马来西亚	MYR	汤加	TOP
中国台湾	TWD	马尔代夫	MVR	特立尼达和多巴哥	TTD
哥伦比亚	COP	毛里求斯	MUR	突尼斯	TND
科摩罗	KMF	墨西哥	MXN	土耳其	TRY
刚果民主共和国	CDF	摩尔多瓦	MDL	阿联酋	AED
刚果共和国	XAF	蒙古国	MNT	乌拉圭	UYU
哥斯达黎加	CRC	摩洛哥	MAD	瓦努阿图	VUV
克罗地亚	HRK	莫桑比克	MZN	越南	VND
捷克	CZK	纳米比亚	NAD	赞比亚	ZMW
吉布提	DJF	尼泊尔	NPR		
多米尼克	XCD	斯里兰卡	LKR		

附表 B　修正的两步 Frankel-Wei 方法得到人民币系数显著的估计和检验结果

变量	美元	欧元	日元	英镑	人民币	R^2	p 值
CNY	0.673***(34.32)	0.079***(3.37)	0.347***(15.95)	0.100***(5.10)	—	0.409	—
A. 亚洲							
AED	0.980***(175.364)	0.001(0.128)	0.001(0.109)	−0.002(−0.417)	0.020***(26.321)	0.954	0.156
AMD	0.325***(16.888)	0.276***(12.195)	0.110***(5.352)	0.080***(4.247)	0.209***(231.23)	0.483	0.217
BHD	0.890***(262.013)	0.023***(5.709)	0.034***(9.233)	0.021***(6.421)	0.032***(180.59)	0.981	0.124
BND	0.137***(7.171)	−0.011(−0.474)	0.543***(26.478)	−0.011(−0.567)	0.341***(620.57)	0.406	0.659

续表

变量	美元	欧元	日元	英镑	人民币	R^2	p 值
GEL	0.188*** (12.811)	0.184*** (10.669)	0.183*** (11.637)	0.226*** (15.681)	0.219*** (429.86)	0.609	0.356
HKD	0.830*** (169.734)	0.033*** (5.741)	0.055*** (10.467)	0.029*** (5.991)	0.053*** (233.22)	0.959	0.145
IDR	0.375*** (20.407)	0.214*** (9.919)	0.242*** (12.296)	0.117*** (6.485)	0.052*** (15.97)	0.576	0.189
ILS	0.218*** (12.211)	0.181*** (8.636)	0.344*** (17.949)	0.009 (0.486)	0.248*** (377.17)	0.477	0.247
JOD	1.083*** (152.850)	−0.024*** (−2.919)	−0.029*** (−3.858)	−0.011 (−1.574)	−0.019*** (13.57)	0.935	0.360
INR	0.574*** (19.274)	0.184*** (5.284)	0.107*** (3.353)	0.088*** (3.001)	0.074** (5.01)	0.357	0.357
KGS	0.105*** (4.938)	0.353*** (14.129)	0.147*** (6.461)	0.261*** (12.487)	0.134*** (75.80)	0.452	0.525
KHR	0.976*** (72.237)	−0.037** (−2.333)	−0.040*** (−2.736)	0.040*** (2.986)	0.061*** (39.52)	0.769	0.240
KRW	0.580*** (33.023)	0.152*** (7.369)	0.019 (1.026)	0.107*** (6.197)	0.142*** (129.85)	0.573	0.541
KZT	0.126*** (2.650)	−0.068 (−1.214)	0.563*** (11.063)	0.041 (0.879)	0.338*** (98.63)	0.101	0.624
LAK	0.293*** (12.144)	−0.094*** (−3.313)	0.630*** (24.408)	0.009 (0.368)	0.162*** (89.47)	0.412	0.245
MDL	0.054** (2.436)	0.407*** (15.788)	0.075*** (3.173)	0.317*** (14.699)	0.147*** (88.34)	0.439	0.984
MNT	0.102*** (5.650)	0.214*** (10.057)	0.175*** (9.006)	0.320*** (18.020)	0.189*** (213.38)	0.503	0.268
MYR	0.197*** (11.915)	0.248*** (12.775)	0.172*** (9.674)	0.175*** (10.778)	0.208*** (310.09)	0.534	0.157
OMR	1.011*** (164.447)	−0.009 (−1.262)	−0.015** (−2.309)	0.001 (0.242)	0.012*** (7.24)	0.946	0.254
PHP	0.326*** (17.276)	0.091*** (4.099)	0.166*** (8.203)	0.054*** (2.918)	0.363*** (731.63)	0.375	0.368
SAR	0.996*** (184.268)	−0.002 (−0.286)	−0.011* (−1.865)	0.002 (0.434)	0.015*** (14.68)	0.957	0.415
SGD	0.202*** (6.387)	0.003 (0.085)	0.485*** (14.282)	0.070** (2.265)	0.240*** (112.05)	0.236	0.214

续表

变量	美元	欧元	日元	英镑	人民币	R^2	p 值
TRY	0.160 *** (10.063)	0.255 *** (13.644)	0.183 *** (10.747)	0.150 *** (9.598)	0.252 *** (490.99)	0.524	0.457
B. 非洲							
AOA	0.196 *** (17.233)	0.232 *** (17.408)	0.185 *** (15.192)	0.180 *** (16.118)	0.207 *** (651.320)	0.708	0.415
XAF	0.211 *** (8.877)	0.090 *** (3.248)	0.201 *** (7.783)	0.041 * (1.716)	0.457 *** (716.33)	0.220	0.365
DJF	0.898 *** (97.809)	0.005 (0.478)	0.020 ** (2.003)	0.029 *** (3.240)	0.048 *** (51.23)	0.877	0.259
DZD	0.135 *** (8.443)	0.276 *** (14.738)	0.206 *** (12.015)	0.202 *** (12.891)	0.181 *** (249.550)	0.567	0.117
EGP	0.096 *** (5.329)	0.192 *** (9.041)	0.172 *** (8.871)	0.355 *** (19.960)	0.185 *** (204.71)	0.507	0.412
KES	0.576 *** (35.179)	0.188 *** (9.804)	−0.025 (−1.445)	0.145 *** (9.019)	0.019 *** (98.51)	0.620	0.962
KMF	0.151 *** (7.344)	0.544 *** (22.646)	0.120 *** (5.484)	0.097 *** (4.825)	0.088 *** (35.95)	0.506	0.158
LYD	0.545 *** (37.484)	0.269 *** (15.781)	0.099 *** (6.353)	0.062 *** (4.326)	0.025 *** (6.02)	0.707	0.269
MGA	0.115 *** (5.289)	0.465 *** (18.262)	0.232 *** (9.962)	0.030 (1.396)	0.067 *** (104.56)	0.436	0.234
MWK	0.052 ** (2.313)	0.239 *** (9.070)	0.159 *** (6.608)	0.399 *** (18.046)	0.151 *** (87.55)	0.423	0.562
MUR	0.402 *** (17.938)	0.466 *** (17.721)	0.091 *** (3.782)	0.085 *** (3.865)	−0.044 *** (7.59)	0.529	0.145
MZN	0.147 *** (6.799)	0.172 *** (6.776)	0.227 *** (9.810)	0.142 *** (6.699)	0.312 *** (405.02)	0.335	0.651
TND	0.443 *** (30.662)	−0.106 *** (−6.254)	0.244 *** (15.782)	0.046 *** (3.273)	0.373 *** (1301.20)	0.530	0.854
C. 拉丁美洲							
ARS	0.141 *** (8.694)	0.216 *** (11.427)	0.222 *** (12.830)	0.178 *** (11.234)	0.243 *** (442.54)	0.522	0.125
AWG	0.878 *** (103.927)	0.026 *** (2.668)	0.044 *** (4.814)	0.009 (1.066)	0.043 *** (51.80)	0.891	0.489
BOB	0.736 *** (47.834)	−0.203 *** (−11.244)	0.455 *** (27.618)	−0.060 *** (−3.964)	0.082 *** (43.23)	0.703	0.562

续表

变量	美元	欧元	日元	英镑	人民币	R^2	p 值
BSD	0.925*** (182.816)	0.013** (2.137)	0.013** (2.321)	0.015*** (3.109)	0.034*** (90.55)	0.960	0.736
COP	0.136*** (6.047)	0.252*** (9.562)	0.165*** (6.847)	0.198*** (8.959)	0.034*** (239.81)	0.357	0.645
HTG	0.159*** (8.499)	0.260*** (11.850)	0.189*** (9.439)	0.216*** (11.744)	0.176*** (171.77)	0.491	0.254
JMD	0.242*** (12.464)	0.458*** (20.124)	0.172*** (8.271)	0.029 (1.518)	0.099*** (51.09)	0.525	0.159
UYU	0.568*** (26.534)	0.066*** (2.646)	0.041* (1.791)	0.118*** (5.604)	0.207*** (183.90)	0.440	0.123
XCD	0.761*** (63.543)	0.040*** (2.821)	0.070*** (5.487)	0.042*** (3.531)	0.087*** (103.56)	0.779	0.527
D. 欧洲							
BAM	0.242*** (12.464)	0.458*** (20.124)	0.172*** (8.271)	0.029 (1.518)	0.099*** (51.09)	0.525	0.523
RON	0.357*** (7.387)	−0.124** (−2.191)	0.445*** (8.588)	0.066 (1.398)	0.008*** (54.98)	0.118	0.458
E. 大洋洲							
FJD	0.383*** (9.682)	0.351*** (7.579)	0.079* (1.861)	0.097** (2.507)	0.090*** (10.09)	0.215	0.142
PGK	0.290*** (6.760)	0.173*** (3.447)	0.224*** (4.874)	0.191*** (4.535)	0.122*** (16.01)	0.174	0.207

注:① ***、**、* 分别表示在 1%、5%、10% 水平上显著。

② p 值为各经济体货币篮子中主要货币权重之和为 1 的假设检验结果。

③ 人民币影响系数由 1 减去美元、欧元、日元、英镑的影响系数之和得到,系数显著性由 F 检验得到。

后 记

伴随着我国大力推动人民币国际化,人民币国际化问题在理论界和业界都引起了强烈反响,受到了广大学者和业界人士的广泛关注,并迅速成为国际经济学界的研究热点和研究焦点。在我博士求学和工作的几年时间,人民币跨境贸易结算试点不断推进,人民币离岸市场快速建设,人民币结算规模经历攀升又出现回落,国际经济形势恶化致使人民币境外需求下降,人民币在国际计价货币职能上取得突破进展,人民币国际化在波折中不断前行。我很庆幸亲眼见证了这一伟大进程,希望自己可以做好近距离的观察者、忠实的记录者,更希望通过系统的研究,深入剖析人民币计价使用的影响因素,以期提出具有可操作性的实施策略,为这一伟大实践贡献微薄之力。

在本书的选题、构思以及撰写过程中,我的导师阙澄宇教授给予了我很多建议和指导。记得在硕士入学时,我非常幸运地投入阙老师门下,从此在老师的悉心指引下开始了经济学研究道路。在求学期间,老师为我的一个个论文思路、一篇篇论文初稿反复推敲,老师的点拨总能使我茅塞顿开。老师深厚的学术功底、严谨的治学风格和对前沿问题独特深刻的见解时时鞭策着我,使我既增长了专业技能,也懂得了做人做事的道理。老师在学习和生活中对我的谆谆教诲将是我一生的宝贵财富,不断指引着我继续向前奋进。在此,再次感谢恩师对我的指导和教诲!

感谢在我撰写本书时给予我帮助和关怀的老师们和同仁,尤其是我的博士同门好友李金凯和程立燕,在本书写作上给了我很多建议,与他们的交谈总能让我受益匪浅。感谢陆佳琦、何亚男在我撰写本书时给予的建议和帮助,感谢浙江理工大学经济管理学院举办和承办的各类经济学会、论坛和学术讲座给我提供了良好的学术交流环境,使我有幸聆听了国内外知名学者的报告,作为学校的一名教师及时掌握学术前沿和学术动态。在学术交流会中各位同人的研讨给予了我很多启发,使我拓宽了看待问题的视角和思路,使本书的写作更加顺畅和更具深度。同时,本书是国家社会科学基金一般项目(项目编号:15BJY154)、浙江理工大学科研启动基金项目(项目编号:20092342-Y)的研究成果,并由其资助出版。

本书的出版离不开浙江大学出版社的大力指导和支持。浙江大学出版社对本书的出版发行,特别是从适应读者需求的角度,对本书的篇章结构和文字表述提出了非常中肯的建议,在此一并致谢。

当然,由于本人学识有限,本书仍有一些不足之处,敬请读者批评指正。

张莹莹

2022 年 12 月于浙江理工大学